Als Wolfgang Koeppen in Berlin lebte, sehnte er sich nach Paris, als er in München wohnte, nach Berlin. Sein ganzes Leben lang aber gab es eine heimliche Beziehung: die zu Venedig. Er besuchte die Stadt mit der überwältigenden Geschichte und Gegenwart, sooft es ihm möglich war: Lido, Canal Grande, Rialto, Dogenpalast, die Kirchen und die Palazzi, die Kneipen und die Hotels; die bösen Späße der Commedia dell'arte gehörten zu »seinem« Venedig ebenso wie die engen Gassen um die Piazza San Marco.

Alfred Estermann, der Mitherausgeber des Briefwechsels zwischen Wolfgang Koeppen und Siegfried Unseld (Frankfurt am Main 2006), versammelt in »Übers Jahr vielleicht wieder in Venedig« alle Venedig-Texte Koeppens, Spuren einer Liebe aus mehr als einem halben Jahrhundert.

insel taschenbuch 3176

Wolfgang Koeppen

Übers Jahr vielleicht wieder in Venedig

Wolfgang Koeppen

Übers Jahr vielleicht wieder in Venedig

Phantasien über eine Traumstadt

Mit Photographien von Wolfgang Koeppen

Herausgegeben von Alfred Estermann

Insel Verlag

Ich danke Frau Anja Ebner, Wolfgang-Koeppen-Archiv
der Ernst Moritz Arndt-Universität Greifswald,
für ihre liebenswürdige Hilfe bei der Beschaffung der Manuskripte.
Die hier wiedergegebenen Photos von Wolfgang Koeppen
gehören zum Bestand des Wolfgang-Koeppen-Archivs. A. E.
Umschlagfoto: Samuel Zuder/laif

insel taschenbuch 3176
Erste Auflage 2006

Quellennachweis am Schluß des Bandes
Vertrieb durch den Suhrkamp Taschenbuch Verlag
Umschlag nach Entwürfen von Willy Fleckhaus
Satz: Hümmer GmbH, Waldbüttelbrunn
Druck: Druckhaus Nomos, Sinzheim
Printed in Germany
ISBN 3-458-34876-X

1 2 3 4 5 6 – 11 10 09 08 07 06

INHALT

»So stand es denn im Buche des Schicksals auf meinem Blatte geschrieben, daß ich 1786 den achtundzwanzigsten September, abends, nach unserer Uhr um fünfe, Venedig zum erstenmal, aus der Brenta in die Lagunen einfahrend, erblicken und bald darauf diese wunderbare Inselstadt, diese Biberrepublik betreten und besuchen sollte. So ist denn auch, Gott sei Dank, Venedig mir kein bloßes Wort mehr, kein hohler Name, der mich so oft, mich, den Todfeind von Wortschällen, geängstiget hat.«

Johann Wolfgang Goethe, Italienische Reise

EINE UNGLÜCKLICHE LIEBE IN VENEDIG

1934 schrieb Wolfgang Koeppen seinen ersten Roman, »Eine unglückliche Liebe«, in dem er die schmerzhafte, quälende, unerhörte Beziehung Friedrichs zu Sibylle schilderte. Friedrich, der Sibylle verfallen ist, zeichnete er nach sich selbst, das Vorbild für Sibylle, die diesen Sturm der Leidenschaften in keiner Weise zu erwidern imstande ist, war die Schauspielerin Sybille Schloß. Die Schluß- und Abschiedsszenen des Romans spielen in Venedig.

Als Friedrich in Venedig ankam, war es Nacht. Er kam als Quartiermacher für Sibylle, und er wußte nicht, wohin er sich wenden sollte. Der Bahnsteig war wie ein Bau. Vor einer halb gezogenen Mauer standen Tröge voll Mörtel und große weiße Zementtüten, von denen einige, zu stramm gefüllt, geplatzt waren und ihr Mehl über den Weg geschüttet hatten, so daß die Schuhe an den Füßen sich weiß bestaubten. Dann saugte ein Korridor von verblichenen Reklametafeln die Reisenden auf, um sie in das Spalier der Hoteldiener zu werfen. Friedrich durfte sich von ihren Gesängen und den Namen bekannter Firmen auf ihren messingenen Mützenschildern nicht lokken lassen. Sein Geld ging zu Ende. Wenn ihm neues nicht geschickt wurde – »ich muß noch einmal telegraphieren«, dachte er –, mußte er mit Sibylle zusammen in spätestens acht Tagen die letzte Lira ausgegeben haben. Diese Rechnung erbitterte ihn. Er kam sich wie ein schuldbeladener Verschwender fremden Gutes vor. Warum hatte er nicht in der Art eines Geizigen seine Mittel für Sibylle aufgespart? Er verfluchte jetzt die Reise mit Ania und ihre Kosten, in einer Weise, die ihm nicht lag und nicht die seine war. Die Hoteldiener, die keinen Fremden mehr aus diesem letzten Zug des Tages gefischt hatten, drängten mißgelaunt in das Wartehaus des Kanaldampfers und schoben Friedrich mit sich auf das Deck. Er stand neben dem Einstieg zur Maschine, hörte das Klingelsignal der Abfahrt, sah, wie die Kolben in Schwung kamen, und atmete den brenzligen Dampfgeruch des Kessels ein. Von der Schiffspitze her wehte ein kühler Fahrtwind. Von dem grünlichen Wasser des Kanals hob sich zu seiten des Dampfers eine weiße Schaumlinie, die leise zischte. Die Fassaden der Häuser am Ufer waren kaum zu erkennen. Manchmal zeigte sich die Buntheit von bemalten Landungspfählen vor einem Palast. Die dunklen Einfahrten der Nebenkanäle waren still wie gemiedene Plätze. Nachdem sie unter dem Bogen der Rialtobrücke durchgefahren waren, stieg Friedrich aus. Er folgte seinem Verlangen, im Herzen der Stadt zu wohnen, als er in einem einfachen Hotel neben der Dampferhaltestelle des Rialto zwei Zimmer mietete für sich und Sibylle. Sie waren nicht teuer, und sie lagen übereinander. Friedrich nahm die Kammer unten, um den Schritt Sibylls über sich zu hören. Mit dem Wunsch, den Schritt zu hören, legte er sich zu Bett.

Er hatte wenig Schlaf gefunden und war früh auf. Als er den Laden vor dem Fenster zurückstieß, drang eine Flut von Licht und Lärm zu ihm. Die Sonne stand über dem Kanal. Der weiße Brückenbogen schwebte in einem flimmernden Schein. Groß überragten die Ruderer das Heck ihrer Boote. Friedrich ging aus und in das Gewühl des Marktes hinter der Brücke. Er kaufte Früchte und Blumen und eilte wieder zurück in das Hotel, um Sibylls Zimmer zu schmücken. Er verteilte die Blumen in verschiedene Gefäße und holte ein paar Bücher aus seinem Koffer. Die Fahrt zum Bahnhof war eine Fahrt durch die Sonne und an den Gespenstern des heraufkommenden Mittags vorbei. Die Verstorbenen lugten aus jedem Fenster der Paläste, sie, die Venedig gebaut hatten, wichen nicht von

ihrem Werk. Sie waren hinter jeder Säule und in jedem Strahl des Lichts. Sie hatten viel Frost zu leiden in einer späteren Zeit, und sie waren boshafte Verführer zu allen Gelüsten und Toden ihrer Epoche. »Hier sollst du lieben«, riefen sie, und der Reisende wollte hier lieben. »Hier sollst du sterben«, riefen sie ein anderes Mal, und der Reisende wollte hier sterben. Wie sollte Friedrich es ertragen, wenn Sibylle nicht kommen würde? Auch dieses war möglich. Friedrich blickte gegen die Bahnhofsuhr, so von Erwartung gespannt, daß er den Zeiger gegen die Zugsekunde zu reißen suchte.

Die Angst, Sibylle auf dem Bahnsteig zu verfehlen, hatte Friedrich auf einen Platz hinter der Sperre, vor dem Spalier der Hoteldiener, getrieben. Die Reisenden trieben an ihm vorbei, ein schwarzer Strom, den er mit Ungeduld überblickte. Sibylle kam nicht. Der Strom ebbte ab, blieb aus, die Kofferträger kehrten mit leeren Händen zu ihrer Bank im Vorraum zurück. War Sibylle wirklich nicht gekommen? Wurde die Angst wahr? Und traf die Enttäuschung ein? Friedrich rüttelte an dem Automaten für die Perronkarten. Er stürmte durch die Sperre und in einer scharfen Biegung zur Seite gegen den Bahnsteig vor. Ein grau steinernes Band lag zwischen den braundunklen Schottergräben der Gleise. Friedrich war atemlos; seine Augen flogen über die Steinfläche bis zu ihrem Ende. Da waren ein Koffer und ein Mensch. Da war Sibylle. Sie wartete. Sie stand, den Mantel in Soldatenart über die Schulter geworfen, neben ihrem Koffer und wartete. Aus einem Loch in der schmutzigen Glasverschalung der Halle fiel ein Lichtstrahl so auf ihr Gesicht, daß es wie das auf die

Leinwand geworfene Bild vor dem hellen Staubkegel des Scheinwerfers in der Nacht des Kinos wirkte. Friedrich hielt seinen Lauf zwei Schritte vor ihrem Standplatz an. Sibylle lachte, und Friedrich lachte. Auf einmal überwältigte sie eine Verlegenheit, die so groß war, daß sie, ohne ein Wort zu sprechen, zusammen den Koffer nahmen und dem Ausgang zuwanderten. Erst als er eine Gondel herbeirief, gebrauchte Friedrich wieder seine Stimme.

Sie fuhren in der Gondel, und sie empfanden den Sarg, als sie, im Gleiten durch die kleinen Kanäle, ihre Hände auf dem schwarzen, lackigen Holz des Schiffes liegen sahen. Sie saßen nebeneinander wie das Liebespaar aus tausend Beschreibungen, und sie empfanden es beide im gleichen Moment und strebten auseinander nach vorne zu den Sitzen der Mitte, und sie gefährdeten so das Gleichgewicht ihres Fahrzeuges, daß es heftig zu schwanken begann. Sie beobachteten sich, während sie lachten. Friedrich suchte wieder zu ergründen, was hinter dem glatten Oval ihrer Stirn (auf die er, ach, wie gerne, seine Hand gelegt hätte) gedacht wurde. Er wußte nichts von der Qual ihrer letzten Tage in der Fremdenstadt, aber er ahnte: jetzt steht sie allein in der Welt. Die Erschöpfung der Nachtfahrt mischte sich in ihrem Gesicht mit der Erregung der Ankunft und dem Erleben der Fremde. Durfte er es nicht, das alabasterner noch war als das schöne Antlitz der jungen Matrosen im Zug nach Rom, mit Küssen bedecken, die Stirn, die Augen, den Mund? Er sah sie lang auf dem Boden der Gondel liegen, und er war über sie gebeugt und nahm ihren Atem in seinen auf und wünschte der Fahrt kein Ende.

Die Blumen in ihrem Zimmer waren ein neuer Grund, den Blick zu senken. Erwartet er einen Dank? Sibylle war ergrimmt, weil er ihr durch Zeichen bedeutete, was sie wußte. »Ich wäre auch gefahren, wenn du mich nicht gerufen hättest«, sagte sie; und daß sie es sagte, tat ihr leid. Sie sah die Schatten, die um Friedrichs Augen sich legten. Sie sah, wie er sich mühte, ein gleichmütig freundliches Gesicht zu wahren. »Sieh die Brücke«, sprach er, »es ist die Brücke des Shylock.« Warum sagte er das? Wer wollte es wissen? War es die Berechnung, sie zum Fenster zu locken und neben ihr hinauszuschauen auf den Kanal, so daß sie Wange an Wange waren und ihr Haar sich berührte, ohne daß sie einander ansehen mußten? Sie redeten Gleichgültiges. Sie tauschten Beobachtungen. Sibylle schnupperte, wurde munter und strahlend; sie fand Venedig eine gute Stadt. Sie gingen durch die Gassen, standen auf Brücken und Plätzen, fühlten in kühlen Höfen die Schönheit glatter Säulen in ihrer flachen Hand, aßen in kleinen, geheimnisvollen Lokalen mit dem Blick auf einen der schmalen Kanäle, tranken den starken, schwarzen Kaffee in dem Festsaal des Markusplatzes und waren versucht, dort, wo der Phantasie ein Ball sich zeigte im Gepränge alter Masken, zu tanzen. Sie trieben es tagelang so. Morgens spielten sie Verirren. Sie stürzten sich aus dem Hotel in das Gewühl der Schlangenpfade und suchten, die eingeschlagene Richtung einzuhalten. Sie kamen durch Gassen und Höfe, die so eng zwischen die Häuser geklemmt waren, daß die Schultern der Umherstreifenden zu beiden Seiten den feuchten Stein der Mauer trafen. Sibylle ging dann vor ihm her. Ein Jungen-

rücken, der das Mädchen nicht verriet. Er liebte sie; sie war im Griffbereich seiner Hände. Nach Stunden solcher Wanderung erreichten sie manchmal das Ende der Stadt. Der Grund fiel steil abwärts. Die Lagune dehnte sich vor ihnen aus. Es war eine sichtbare Grenze. Drüben lag, ein abstrakt geometrisches Viereck, die Friedhofsinsel. In den Gondeln trieben die Särge vom Festland ab. Ein Dampfer heulte eine Warnung, die den Schlaf der Toten nicht störte.

Allmählich begannen Friedrich und Sibylle Venedig zu hassen. Wenn sie den Erschütterungen, dem grausigen, nackten Anblick einer absoluten Peripherie sich nicht aussetzen wollten, blieb ihnen nur die Piazza mit ihren Kaffeehäusern, ihren Fremden, ihren gerissenen Kellnern, den Kartenverkäufern und Reisegesellschaften vor der karussellbunten Jahrmarktsbude der Kirche. Sibylle nahm Partei gegen die Tauben. Sie nannte sie »vollgefressene Kornsäcke«. Sie war für die Katzen. In allen Winkeln besuchte Sibylle sie und sprach zu ihnen von einem Feldzug, zu dem sie sich verabreden sollten, alle Katzen Venedigs, um eines Morgens in einer gewaltigen Phalanx die Piazza zu stürmen und alle Tauben zu fressen. Friedrich ging manchmal in die Kirche hinein, während Sibylle auf dem Platz sitzenblieb und die Blicke der Offiziere, die ihre weißblanken Schleppsäbel feierlich unter ihren Umhängen aus schwarzem, blauem und grauem Tuch vor sich hertrugen, gelassen, ernst, offen und in einer musternden Schärfe erwiderte, daß den Kavalieren ob solcher Antwort ein Schreck und eine Verwirrung zuteil wurde. Friedrich betete nicht mehr. Er betrachtete voll Abscheu die

Fremden, die mit ihren Feldstechern und Photokästchen das Schiff der Kirche füllten. Er richtete seinen Blick zu dem Chor hin. In dem tiefen Gestühl saßen alte Männer, weiße, verknitterte Greise mit roten Kappen auf dem kahlen Haupt, und sprachen ihre Litaneien. Auch sie gehörten zu den schon Gestorbenen in dieser Stadt. Konnten sie ihm helfen? Die Kälte toter Herzen wich nie mehr aus diesem Kirchenraum. Das Fliesenmosaik des Bodens war eingedrückt von den Knien zahlloser Beter, die lange schon nicht mehr lebten.

Einmal fuhren sie über die Lagune zum Badestrand des Lido. Sie mieteten sich Fahrräder und rollten die lange Promenade hinter dem Strand und den Badehütten entlang. Sibylle schwebte auf dem blinkenden Metall. Sie flog vor ihm hin, und er suchte sie zu jagen. Sein Anlauf überholte sie immer, die in geschickten Wendungen ihm entkam. Sie fielen atemlos in den Sand und zu einer Badegesellschaft, die, trotz der frühen Jahreszeit, unter Mittag sich dort versammelt hatte. Es waren junge Leute, Mädchen und Jünglinge, die sich beim Spiel eines Grammophons in der Sonne vergnügten und Friedrich und Sibylle harmlos als ihresgleichen mit Scherzen aufnahmen. Die nette, amouröse Melodie englischer Tanzplatten stand dünn und eigentümlich graziös vor dem Wellenschlag des Meeres. Die Jünglinge tanzten auf dem Brett eines Laufsteges mit den Mädchen. Braun legten sich ihre Arme um die Hüften der jungen Frauen und hoben sich scharf von dem Weiß der Badewolle ab. Die Mädchen schmiegten sich an. Sie hoben ihren Blick zu dem Gesicht der Männer auf. Manchmal klammerte sich eine mit langen

Armen an den Hals des Freundes an, der sie im Kreis herumschleuderte, bis sie mit einem hellen Ruf in den Sand fiel. Warum konnten sie sich nicht an dem Spiel beteiligen? Friedrich und Sibylle dachten denselben Gedanken. Sie wagten es nicht, sich die Hände zu reichen; und sie wußten, daß es ganz und ganz unmöglich war. Sie sprangen auf, wie von einem Gespenst erschreckt, und fuhren eilig und ohne Abschied zu nehmen auf ihren Rädern fort.

Die Vergangenheit war ängstlich zugedeckt. Sie sprachen nicht von ihr. Sibylle sagte nichts von Fedor, von Magnus, von dem Kabarett und der Fremdenstadt. Friedrich erwähnte Ania nicht. Sie versuchten wie zwei Menschen zu leben, die zufällig sich in Venedig getroffen haben. Die Wand aus Glas stand zwischen ihnen. Nur am Abend wurde sie dünner. Sie lachten dann, wenn sie heimkamen, über den Geschäftsführer des Hotels, der in internationaler Gasthofsgewandtheit »Küß die Hand, Gnädigste« zu Sibylle sagte. Friedrich und Sibylle waren dem Geschäftsführer sympathisch. Er behandelte sie mit der Achtung (und war gerührt), die jungen Menschen gebührt, die, um einen Schein zu wahren, wie er glaubte, und auch aus Unsicherheit, zwei Zimmer mieten, statt des einen, das sie haben wollen. Seine Gutenachtwünsche waren jedesmal überaus wohlwollend und ironisch. Am liebsten hätte er die Arme gebreitet wie ein Priester, um sie zu segnen. Sibylle wollte sich totlachen. Auch Friedrich lachte. Aber sein Herz lachte nicht mit. Das Zubettgehen geschah nach festen, alten Gebräuchen. Sibylle wurde zu Bett gebracht. Wenn sie unter der Decke lag und in ihrem Reich, war es verboten, sich auf das Bett zu setzen. Friedrich mußte in der Nähe ihres Lagers auf einem Stuhl bleiben und ihr ein Märchen vorlesen. »Noch eins«, sagte sie, wenn es zu Ende war, »noch eins, bitte noch eins«, und sie streckte ihre Hände nach ihm aus, und er durfte sie nicht nehmen. Es waren immer dieselben Märchen. Sibylle hatte sie als Kind gehört. Sie lag da und träumte. Friedrich hatte sich schon früher eine Technik angeeignet, die Geschichte zu lesen und Sibylle dabei zu betrachten. Nie war ihr Gesicht lieblicher als in diesen Stunden des Träumens vor dem Schlaf. Friedrich liebte diese Stunde, liebte das Vorlesen und die Märchen, weil er Sibylle liebte. Er las sie in den Schlaf. Nach dem dritten Märchen reiste sie ab. Ihr Atem hatte den schönen Rhythmus der nächtlichen Ruhe gefunden. Ihre Nase lief ihm entgegen; ihr Mund wölbte sich und zwischen den Lippen war ein schmaler Streifen der weißen Zähne zu sehen. Er beobachtete, wie sie lebte. Ihre Kehle hob sich und senkte sich. Das Blut schlug. Nichts auf der Welt schien Friedrich schöner und begehrenswerter zu sein als dieses Gesicht der schlafenden Sibylle. Für Sekunden aber haßte er sie, wenn der Durst nach ihrem Mund ihn überwältigte; doch ihr Schlaf war heilig. War er ihm nicht anvertraut? Friedrich fürchtete sich vor Sibylls Erwachen, wenn ihre Lippen sich berührt fühlen würden. Er fürchtete den Schrei. Ihr Entsetzen, das ihn schlagen würde. Er fürchtete vor allem den Verrat. Nach Stunden der Wache erst ging er aus ihrem Zimmer fort und fühlte sich zermürbt bis ins Mark.

Seine Kammer lag unten. Es war derselbe Raum. Sein Bett stand unter ihrem Bett. Er wußte, wenn er auf ihm lag, daß er in einer Vertikalen mit Sibylle war. Warum erhörte ihn Gott nicht? Die Laken brannten seinen Leib. Das Lager stand in Flammen. Er war ein Mann auf einem Rost. Aus ihrem Zimmer, von ihrem Schlaf fortgegangen, verdammte er sich, weil er nicht brutal war. Er sprach unsinnige Sätze. Er schrie gegen die Decke. Sie blieb unbeweglich von grauem Weiß. War Sibylle nicht zu ihm gekommen? War sie ihm nicht geschickt worden? Für ihn war sie doch bestimmt! Aber weil sie gekommen und nicht geraubt war, schützte das Gastrecht sie. Er legte sich antike Vorstellungen zurecht, über die der Erdball gelacht hätte. Sein Teufel in ihrer Gestalt war bei ihm eingekehrt.

Sibylle wachte auf. War die Tür nicht gegangen? War nicht jemand im Zimmer? Sie glaubte einen Schritt zu hören und den Atem eines fremden Lebens vor ihrem Bett. War es Friedrich? Sibylle wagte es nicht den Arm zu heben; sie fürchtete sich, ihn in den gefährlichen, dunklen Raum vor dem Bett zu geben, wo er von unsichtbaren Händen gepackt werden konnte. Wollte sie keine Bestätigung? Sie lag und lauschte. Nichts war wahrzunehmen. Sie wußte: Friedrich ist unten in seinem Zimmer. Sie wußte: er liegt unter mir, und er schläft nicht, und mit seinem Blick sucht seine Liebe durch Decke und Boden mich zu erreichen. Sie wußte: er liegt im Feuer. Das Blut verließ ihre Lippen; sie wurden bleich; das Blut fiel zurück in das Herz. Sie fühlte, wie ihr Gesicht erkaltete. Ein Eisstrom kroch unter die Decke; er legte sich ihr um den Hals, auf die Brust und den Bauch, und sie spürte, wie er weiterzog, und die Haut mit kleinen, prickelnden Erhebungen bedeckte und ihre Schenkel erstarren ließ. Und: wenn sie nun zu Friedrich gehen würde? Der Gedanke durfte nicht laut werden. Sie preßte die Lippen so fest zusammen, daß ihr Mund wie ein Wall war. Die Zähne drangen in das Fleisch ein, das nach innen sich umlegte. Sie schmeckte, salzig und tränig, ein wenig Blut; und sie fühlte, wie ein kurzer, dünner Bach warm und feucht ihr das Kinn netzte. »Lieber soll Blut fließen, als daß ich schreie!« Sie empfand das Blut hell. Sie hätte sich gerne in einem Spiegel gesehen, hätte gerne ernst und musternd ihr Gesicht betrachtet, jede Falte und jeden Winkel, die Anhöhen und die Ebenen genauestens untersucht, aber ihr Arm wagte den Weg nicht, aus seiner Höhle unter der Bettdecke hervorzugehen in einem seitlichen Bogen bis zum Schalter der kleinen Lampe auf dem Nachttisch. Sibylle sah ein, einen Fehler gemacht zu haben. Den Fehler, hierher gekommen zu sein. Wohin aber hätte sie sich wenden sollen, wenn nicht zu Friedrich? Sie dachte an den Bosporus, und sie wußte, daß sie nur zu Friedrich hatte reisen können. Sie vermißte ihn, wenn er fern von ihr war. Er war der Mensch, der ihr gehörte. Liebte sie ihn doch? Nein, nein, nein, sie liebte ihn nicht! Aber: wenn sie es nicht sehen mußte, er liebt mich, er leidet, obwohl sie das Gefühl brauchte, daß Friedrich sie liebte, vielleicht liebte sie ihn dann. »Er sieht mich an, und er stirbt daran«; sie sagte sich dies, und sie haßte ihn. War es ihre Schuld, daß er sie liebte? Erregte sie mit Absicht sein Begehren? Wieder trug sie Verlangen nach einem Spiegel und nach Licht. Wie alle jungen Frauen wurde sie zuweilen von dem Entsetzen gepackt, alt und häßlich zu werden. Sie wußte, wenn Friedrich sie einmal übersehen würde, dann war sie alt. Sie wünschte, er solle zu ihr kommen; sie bedauerte jetzt, daß niemand im Zimmer war; aber sie dachte auch: wenn er kommt, wird er mich ansehen, und ich werde seinen Blick nicht ertragen. Warum war sie kein Tier, ein Vogel, eine Katze, ein kleiner Hund, ein Tier, das er gern hatte? Sie glaubte in diesen Nächten, mit jedem Mann von der Straße schlafen zu können, nur nicht mit Friedrich. Sie dachte: eine neue Sündflut wird kommen, und alle werden sterben; nur Friedrich und ich, wir werden am Leben bleiben. Und sie sah zwei Gestalten, die sich verfolgten. Sie rannten mit Rufen hintereinander her auf einem Globus, der grün, blau und braun war und um einen Stab sich drehte, wie der Globus der Geographiestunde in der Schule.

Sie waren nach solchen Nächten gleichermaßen erregt und gereizt. Da sie jeder einen Angriff des anderen erwarteten, reagierten sie überwach und empfindlich wie feinmechanische Instrumente auf jeden Stimmklang, den sie hörten. Sie steigerten ihre Rede ins Grobe und schlugen zu. »Glotz mich nicht an«, rief Sibylle. »Nimm deine Hand fort«, hieß es. »Wer will dich schon angucken«, schrie Friedrich, und er würgte und schluckte an dem Hohngelächter, das er anstimmen wollte und das hervorzubringen ihm Mühe machte.

Sibylle schrieb einen Brief an den Bosporus: »Es ist mir unmöglich, Friedrich länger zu ertragen. Es ist mir unmöglich.«

Friedrich nahm den Brief und trug ihn zur Post. Während sie ihn geschrieben, hatte Sibylle ihr verschlossenes, nicht zu durchdringendes Gesicht getragen. War dieser Brief der Gedanke hinter ihrer Stirn? Hielt Friedrich endlich ihr Denken in seiner Hand? Er erblickte sich im Straßenspiegel eines Friseurs und wurde rot. Er haßte die kleinlichen, schmierigen Vergehen der Neugier, die Wirtinnenkümmerung um die Post ihres Mieters. Friedrich hatte sich ertappt. Er verabscheute sich. Er fand, daß sein rot gewordenes Gesicht geschwollen war. Das Fleisch war aufgequollen um die Augen gelagert. Friedrich trat dicht an das Glas des Spiegels heran. Er fragte sich: Wie kann man mich lieben? Er untersuchte sein Haar. Der Verkehr um ihn kümmerte ihn nicht. Er nahm es in Strähnen hoch. Lichtete es sich schon? War sein Leben, indem es sich an Sibylle hing, hoffnungslos verfehlt? Er war siebenundzwanzig Jahre alt. Die Röte in seinem Gesicht wich einer Blässe. Es wurde wieder unverquollen und schmal. Er ging weiter und sah Sibylls Gesicht wie eine weiße Maske vor sich. Wie, wenn sie das Geheimnis niedergelegt und den Wunsch geschrieben hatte, der die Maske beleben konnte? War der Brief in seinen Händen der Gedanke hinter ihrer Stirn? Friedrich zerrte an dem Papier. Sah er nicht Gespenster, war sein Blick nicht getrübt, vielleicht liebte sie ihn doch und war nur in einer Hinderung befangen? Sicher, sie liebte ihn, das Mißverständnis mußte sich klären; Friedrich öffnete den Umschlag, und offen lag der Bogen unter dem grünen Schirm der Postlampe vor seinen Augen. »Es ist mir unmöglich, Friedrich länger zu ertragen. Es ist mir unmöglich.« »Sie muß sterben. Sie muß sterben.« Er flüsterte den Satz, wie einfältig gewordene Greise einen Gedanken in endloser Folge rinnen lassen. Welche Schuld hatte er auf sich geladen? Was hatte er ihr getan, ihr angetan? Tat er nicht alles für sie? Lebte er nicht für sie? Würde er nicht sein Leben hingeben? Er klammerte sich an die Umfassung des Schreibpultes. Ein Mann betrachtete ihn, fragend, scharf; vielleicht ein Arzt, vielleicht ein Beamter aus dem geheimen Polizeidienst. Friedrich ließ das Pult fahren. Es segelte von ihm fort. Er schwankte in einer unendlichen Leere. Der Herr stützte ihn. »Nein!« sagte Friedrich, »ich brauche nur ein Kuvert.« Er entnahm einem der Automaten einen weißen Umschlag und schrieb, ohne seine Schrift zu verstellen, die Adresse des Bosporus. Dann legte er Sibylls Brief in den Umschlag, frankierte ihn und warf ihn in den Kasten.

Am Schalter für die postlagernden Sendungen fragte er nach Geld. Der Beamte schüttelte den Kopf. »Nichts«, sagte er, »nichts«, und er ordnete gleichmütig die anderen Briefschaften in ihre Fächer ein. Friedrich stand wieder in der Straße und kaufte von einem Händler vier große, pralle Kinderluftballons. Blau war der eine, grün der andere, rot der dritte und gelb der vierte. Er kaufte auch Früchte und geschälte Mandelkerne, denn er wußte: Sibylle mag sie gern.

Sie freute sich, sie lachte, sie strahlte, sie knabberte. Friedrich fesselte die Ballons an die Pfosten von Sibylls Bett. Wie vier Monde hingen sie in der trägen Luft des Zimmers. Die Mandelkerne knackten hinter Sibylls Lippen und verbreiteten einen süßen Duft. »Es ist mir unmöglich, Friedrich länger zu ertragen. Es ist mir unmöglich.« Dieser Satz war ihm in die Brust gestopft. Er war ganz voll davon. Der Herzschlag mußte sich immer erst da durchkämpfen. »Was hast du«, fragte Sibylle. »Nichts«, sagte er, »nichts«, und er bemühte sich das gleichmütige Gesicht des Beamten hinter dem Schalter für die postlagernden Sendungen zu machen.

Er wußte es genau: ich hasse sie nicht. Er fluchte nicht ihr; er fluchte den finsteren Mächten dunkler Verhängnisse. Wo lag die Schuld? Welche Strafe erlitt er? »Ich liebe dich! Ich liebe dich!« Er sagte es wieder. Er sagte es plötzlich. Er schrie es ihr zu. Sie saß auf einem Stuhl und blickte zu ihm auf.

Als sie den letzten Pfennig Geld ausgehoben hatten und nichts mehr besaßen, um ein Essen zu bezahlen, da zeigten alle Häuser auf einmal ihre Küchen und schickten schmurgelnde Bratgeräusche und würzige Gerüche in die Straße. Die Sonne deckte den Markusplatz zu, und die Glocken läuteten von hundert Türmen Mittag. Sibylle und Friedrich wanderten weite und sinnlose Wege. Friedrich rammte den Fuß in die Steintafeln des Platzes. Scham und Wut würgten ihn, und er hätte einsinken mögen durch den Stein in die Erde. Litt Sibylle Hunger? Es war ihm, als würde seine Haut von entsetzlich vielen Nadeln zerstochen. Die Tauben schwebten in einem dichten Schwarm über ihre Köpfe hinweg. Ein Mann mit einer Dienstmütze streute ein weites Feld von Korn für sie aus. Die Verschlüsse der Photographierapparate knackten. Sibylle und Friedrich sprachen kein Wort. Sie blickten kühlen Gesichts in die Weite, wie vornehme Leute, die spät speisen und vor dem Diner ihre Promenade gehen.

Und wie sie so gingen, da geschah es – nach einer langen Zeit, und sie standen vor der Lagune, die zum Lido hin sich ausbreitet –, daß das Schweigen zwischen ihnen so gewaltig und ohne Ende geworden war, daß es die Kuppel des Himmels hoch und weit bis zum Bersten füllte. Da sagte Friedrich: »Kleine Sibylle.« Und er blieb vor den Stufen zu einer Brücke stehen und sah, wie das Wasser eines Kanals sich in die Lagune schob, und er sah, wie sie jung war und schön, eine feine, ritterliche Gestalt auf dem Kai vor diesem Wasser, ein Schattenstrich in der hellen Luft, der ihm mehr wert war als diese, und er nahm sie und legte seine Hände fest um ihren Leib und küßte sie, mitten im Verkehr der Uferstraße, mitten auf den Mund. Er schmeckte etwas, das er nicht bestimmen konnte, es streifte seine Lippen, er atmete einen flüchtigen Duft ein, ein Aroma von Mandel und Seewind, und es war das Glück. Er sah in Sibylls Gesicht. Es war ihm so nah, daß er den Flaum der unsichtbaren Härchen fühlte auf ihrer Haut, und doch seinem Blick so fern, daß er es ganz sah, voll und rund. Es war vollkommen. Ein Antlitz ohne jeden Makel. Ihre Augen waren offen und weit, ihr Blick ruhig und fest. Er fühlte ihr Leben. Er hielt es in seinen Armen umschlossen. Er konnte sie hoch heben in das Licht. Es dauerte den kleinsten Teil einer Sekunde, und es war das Überirdische, das ihn heiß durchströmte.

»Ich habe ihren Mund berührt; ich habe Sibylle geküßt.« Er sprang die Stufen hoch; er hüpfte auf einem Bein über die Brücke; er hinkte abwärts in allen Gängen und tat viel, Sibylle zu ergötzen.

Sie gingen anders durch die Straßen zurück. Sie blieben

vor jedem Schaufenster der großen Geschäftsstraße stehen. »Willst du es haben, den Stoff, die Kette, das Seidentuch, die nach dem Nil riechende Tasche aus dem Narbenfell der Krokodile? Ich schenke sie dir. Ich schenke dir alles!« Sibylle nickte. Seine Geste war groß. Er breitete die Schätze der Welt vor sie hin.

Im Hotel lag ein Telegramm für Friedrich. Es forderte ihn auf, in einem bestimmten Auftrag nach Ragusa zu reisen und sicherte ihm für diesen Zweck einen Kredit bei einer italienischen Bank. »Du kannst nun nach Hause fahren. Du kannst auch zum Bosporus reisen. Du kannst dir wieder ein Engagement suchen. Du wirst die Julia spielen.« Er hielt ihre Hand. Ihr Gesicht flackerte in vielen hellen Scheinen. Sie senkte die Augen unter Lid und Wimpern, und er küßte diese geschlossenen Augen. Sie nickte. Sie dachte einen Moment lang: »Ich könnte mit ihm fahren«; und sie sah sich flach und grade auf dem weißen, sandgescheuerten Deck eines Schiffes liegen und in die Wolken sehen, die leise schwankten. Auch in ihrem Haar war viel Licht. Sie war wie unter einem Feuer. Sie nickte. »Ich werde heimfahren. Ich werde die Julia spielen.« Sie lachten beide, und sie wußten, daß nichts sich geändert hatte, und daß die Wand aus dünnstem Glas, durchsichtig wie die Luft und vielleicht noch schärfer die Erscheinung des anderen wiedergebend, zwischen ihnen bestehen blieb. Es war dies eine Grenze, die sie nun respektierten; und Sibylle blieb für ihn bestimmt; und Friedrich war der Mensch, der ihr gehörte. Es hatte sich nichts geändert.

Eine flüchtige Erinnerung an diese Szenen wollte Koeppen in seinem »Venedig«-Projekt, von dem noch zu sprechen sein wird [s. S. 36 ff.], verwenden. Bezeichnenderweise veränderte er dabei den Namen seiner Romanfigur in den seiner sterblichen Geliebten.

Als Friedrich in Venedig ankam, war Nacht. Er kam als Quartiermacher für Sybille, und er wußte nicht, wohin er sich wenden sollte. Sein Geld ging zuende.

Mit Sybille mußte er in einer Woche die letzten Lire ausgegeben haben. Irgendwie war er auf ein Schiff gekommen, stand auf dem Deck neben dem Einstieg zur Maschine, hörte das Klingelsignal der An- und Abfahrten bei den Stationen, sah, wie die Kolben des kleinen Dampfers in Schwung kamen und atmete den brenzligen Geruch der Fahrt. Von der Schiffspitze her wehte ein kühler Wind. Aus dem grünlichen Wasser des Kanals, des Canal Grande, dieses Traums von Reisen, hob sich zu Seiten des Dampfers eine weiße Schaumlinie, die leise zischte. Die Fassaden der Häuser am Ufer waren kaum zu erkennen. Manchmal ein Licht oder ein Landungspfahl vor einem Palast. Die dunklen Einfahrten der Nebenkanäle waren still wie gemiedene Plätze. Er folgte seinem Verlangen, im Herzen der Stadt zu logieren. Als er in einem einfachen Hotel, wie er dachte, neben der Rialtobrücke zwei Zimmer mietete für sich und Sybille. Sie waren nicht teuer und lagen übereinander.

Friedrich nahm die Kammer unten für sich, um den Schritt Sybilles über sich zu hören. Mit dem Verlangen, ihren Schritt schon jetzt zu hören, dem Traum, daß sie bei ihm sei, lag er schlaflos im Bett.

ANNÄHERUNG AN VENEDIG

Diese Notizen und Prosa-Stücke stammen aus den verschiedenen Stadien des von Koeppen immer wieder aufgenommenen, aber nie abgeschlossenen »Venedig«-Projekts. Im November 1979 reiste er in die Serenissima, um Impressionen für seinen Plan und Materialien für die Texte zu einem Fernsehfilm zu sammeln. Seine ersten Eindrükke hielt er handschriftlich fest, teils in Stichwörtern, teils in ausformulierten Fassungen. Während der folgenden Dreharbeiten entstand der Text über das Fernseh-Team, die »Camera obscura«.

Sonntag, 4. 11. 79

Dunkelfahrt durch den Canal Grande; die tote Stadt, das tote Brügge. Die Paläste düster. Hin und wieder ein Licht. Eine Laterne über der Bootlände.

Die leeren erleuchteten Restaurants am Meer. In der Nische von S. Marco die letzten Blumenkinder träumend zur leeren, doch ampelhellen Piazza. Dicht vor meinem Hotel der Berg der Katzen in der Nacht. Der anonyme Franziskaner, der sie füttert.

Im Monaco Japaner.

Riva degli Schiavoni, späte arme Touristen. Auf der Riva das Denkmal des lächerlichen Mannes mit dem Säbel.

Mein altes Albergo Rialto. Pizzeria. Bier-Bar.

2. Tag. 5. 11.

Kalt. Grauer Himmel. Ich fror. Hatte das Futter aus dem Mantel genommen. Venedig schon wintertot.

Montag, alles geschlossen. Fischmarkt.

Enttäuschend Ferrovia. Neu für mich das Viertel billiger Touristen hinter dem Bahnhof.

Die Mittagsleere zwischen 12 und 3.

Besuchte das Haus am Müllkanal.

Palazzo Vendramin nun Casino Municipale.

Katzen füttern im Park.

Die Katzen haben mehr Freunde. Aber alle drücken sich in eine dunkle Ecke. Lieblinge werden bevorzugt, keine Rauferei unter den Katzen.

Die Blumenkinder (?) in der Markusloge. Diesmal klassische Musik.

Die Legende vom Tänzer Nijinski!

Zur ersten Eintragung existieren zwei verschiedene Ausarbeitungen:

Sonntag, 4. 11. 1979. Dunkelfahrt durch den Canal Grande. Venedig ist zu dieser Abendstunde, um diese Jahreszeit eine tote Stadt. Ich denke an das tote Brügge. Die berühmten alten Paläste in düsteren Träumen. Hin und wieder ein Licht hinter einem Fenster. Manchmal eine Laterne über einer Bootslände, die lange schon nicht mehr benutzt wird.

Zur Nacht Fahrt durch den Canal Grande. Venedig ist zu der dunklen Stunde der Jahreszeit eine verblichene Stadt. Wer hier erkältet liegt, hat seine Euphorie. Ich denke an das tote Brügge, an den von mir nicht vergessenen Roman von Georges Rodenbach. Wir wissen zu viel. [Georges Rodenbachs Roman »Bruges la Morte«, nach dem Erich Wolfgang Korngold 1920 seine Oper »Die tote Stadt« schrieb.]

Der Zug hat Mestre, die Satellitenstadt, den arbeiterarmen Festlandvetter verlassen, fährt auf dem Damm durch die Lagune, November 1979, mittags, es ist, als nähere sich das Abteil, in dem wir sind, ein Schiff auf See mit uns der ewig wundersamen Stadt, links und rechts Wasser, ein helles Licht, das Inselufer, wir kommen an, die ersten Häuser im Sonnenglast, Paläste, eine Kulisse, ein Wassermärchen, eine opera fantastica, Franzosen, zufällig Franzosen beugen sich aus den Fenstern, nach langer Fahrt Paris-Venezia, eine Malklasse der Akademie, T-Shirts, Jeans, Schweiß blühender Gefühle, gereckte Hälse, nackt, wehendes Haar, hungrige Augen glänzen und fressen die Stadt, schnell verführt, ein Traum. Der Bahnsteig ist nüchtern. Vor dem Bahnhof Stufen in den Großen Kanal, der große Kanal, drei Kirchen, eine Brücke, sechs Katzen, zwölf Paare, in sich verschlungen, Weltauf- und -untergang, Ankunft, Abschied, Geburt, Tod.

Dies ist ein Bienenstock, und ein Bienenstock ist ein Gefängnis. Mitten in der Wabe. Überlege ich, wie alt dies schon ist, wie ehrwürdig und entsetzlich die Geschichte der Stadt, wie lange Hütten stehen, ganz allgemein, hab ich den traurigsten Roman, das große Buch unerfüllter Wünsche.

Nachtfahrt auf dem Canal Grande. Wir mußten auf den letzten Vaporétto des Fahrplans lange warten unter Nachtarbeitern des Vergnügens, Berührungen in Bedrängnis, unter Menschen, die sich für den Schlaf gefunden hatten.

Die Camera obscura sind zwei, das Kameraauge und das Kameraohr. Das Kameraauge wurde ausgepackt. Das Kameraauge war krank. Ich hatte es mir gleich gedacht. Das Kameraauge wurde auf eine Schulter gehoben. Von dort lugte es irr in die Runde. Es sah Wasser, es sah ein fernes Ufer, es sah einen schmalen Weg, es sah Häuser, in denen Leute wohnten, mit einem Teleobjektiv hätte es mehr sehen können. Die Sonne schien. Es war Nachmittag. Es war nicht warm. Es war im Herbst. Das Kameraohr kniete auf einer Schiffslände aus Holz über dem Wasser. Es streckte sein Gehör über das Wasser. Es saugte gierig die Geräusche ein, die es vernahm, den Wellenschlag des Wassers gegen das Bollwerk, den Ruderschlag des Ruders gegen das Wasser, das Mahlen der Schraube des Motorbootes im Strom, die Schreie der Wasservögel, Schritte am Ufer, fleißiges Hämmern. Der hämmerte, war zuversichtlich. Das Kameraauge befahl. Das Kameraohr steckte mir eine Batterie ins Hemd, ein Mikrophon und einen Sender in das Jackett zu Paß und Geld und bürgerlicher Identität. Ich mißtraute diesen Geräten gleich. Ich fürchtete nicht die heimtückischen Lauscher, die Drähte, an meine Brust gesetzt, meinen Herzschlag aufzunehmen, mein Denken festzuhalten auf einem Band, mir unbekannten Fähigkeiten und natürlicher Verwirrung ausgesetzt, ich ahnte vielmehr, daß diese Technik versagen würde. Wie gern hätten sie aufgenommen, wie ich ertrank.

Kameraauge und Kameraohr dagegen warteten auf mein Versagen vor der Technik. Das Kameraauge befahl ein Kreidekreuz auf den Bohlen des Podestes. Das Kameraohr kreuzte die Striche. Das Kameraauge sagte: »Sie verschwinden hinter der kleinen Bogenbrücke über den Seitenkanal. Sie kommen auf ein Zeichen herauf, gehen langsam über die Brücke, halten sich links am Geländer, kommen auf mich zu, betreten das Podest, biegen drei

Schritte vor mir ab zum Wasser, stellen sich auf das Kreidekreuz, blicken über das Wasser zur Kirche Il Redentore.« Ich stand auf dem Kreidekreuz und blickte hinüber zur Kirche Il Redentore. Ich wunderte mich, wie breit hier der Canal Grande war. Ich erschrak. Aber nicht, weil der Kanal hier so breit war. Das Kameraauge hätte rufen können, »springen Sie hinein, schwimmen Sie hinüber«. Ich kann nicht schwimmen. Es wäre der Situation angemessen gewesen. Das Kameraauge war unzufrieden mit mir. Das Kameraohr hatte nichts von mir vernommen. Das Kameraohr sagte, »wiederholen wir es. Mehr links. Mehr zum Wasser. Mehr schlendern. Warten Sie, bis die Leute vorübergegangen sind. Achten Sie, daß das Kind nicht ins Bild läuft. Schauen Sie mich nicht an.« Das Kameraauge blickte durch ein langes Rohr, das kürzer wurde, wenn ich mich ihm näherte. Ich wußte, ich bin dort drin, in diesem Rohr, lang und kurz, und ich immer gleich. Ich kann größer werden, wenn das Kameraauge es will, doch nur ein Teil von mir, mein Kopf, noch größer, mein Mund, meine Nase, die Augen, die Stirn. Das gab es schon, das widerfuhr schon, das verletzte. Im Spiegelkabinett des Schützenfestes, das Kind ins Zelt gegangen, dem Zerrspiegel ausgeliefert, die Beine krumm und weg, der Leib zum Schatten abgemagert und der Kopf so groß, ein schwellender Ballon, rund, kugelrund, ein abgestochenes Schwein, Schweinskopf gebraten im Rohr, gedunsen die Backen, aufgesprengte Haut, und die Zitrone in die fetttriefende Schnauze gepreßt, eine Zierde der bürgerlichen Tafel meines Vaters. Ich stand auf dem Kreidestrich, gegenüber Il Redentore. Das Kameraauge rückte näher, kam

mit der Sonne, das Kameraohr beugte sich über den Tonkasten, das Tonband lief, Kameraauge und Kameraohr riefen stumm, »nun freue dich, du hast es ja gewollt«.

Goethe, 1786, eilte schon am zweiten Tag, Il Redentore zu sehen, ein Meisterwerk des Palladio, jenes Baumeisters, der sich auf den Vitruv berief, der ein Festungsbaumeister des Augustus gewesen war, der viele Säulen des idyllischen Lebens gezeichnet und beschrieben hatte, und Kasematten und Wälle, Bauernmuster und dann Kanonen dazu, die sichere Mauern und Generalstabsunterstände zerstören konnten. Palladio also, sein Schüler, später, im Mittelalter, setzte Landhäuser und Villen und ein antikes Theater von nutzloser Schönheit in die liebliche Landschaft von Vincenza und kam in die prächtige Republik Venedig, dort Kirchen zu bauen, von denen die prosperierenden Seeräuber der Stadt nicht genug bekommen konnten. Goethe stand hier, wohl auf meinem Kreidekreuz, das noch nicht da gewesen war, oder doch, und bewunderte von fern, im milden Herbstlicht, im glitzernden Glanz des Wassers die klassische Fassade der Kirche, an die er sich, der zum ersten Mal hier war, erinnerte. Sein Vater, sein armer Vater, denn er war ja tot, hatte in ständiger Italiensehnsucht Bücher mit Zeichnungen des Palladio besessen, im alten Frankfurter Haus, und Johann Wolfgang hat mit diesen Büchern und Bildern gespielt und sie sich eingeprägt, und des Palladio Name war wieder erschienen und vergöttlicht bei jenem Winckelmann vorhanden, der aus ärmlichsten deutschen Verhältnissen nach Rom gepilgert war, die Seele Griechenlands zu suchen und den Leib des Apollon gefunden zu haben und eine Gunst eines Papstes und eines Mörders in Triest. Goethe war begeistert, er war außer sich, weil er nicht in Weimar war, er war begeistert, in Italien, in Venedig zum ersten Mal, er blickte hinüber nach Il Redentore, und ich stand da und blickte hinüber nach Il Redentore, bedrängt von Kameraauge und Kameraohr, auch ich den Erinnerungen verfallen, auch ich rückschauend auf eine Kindheit und spielend mit Büchern mit Bildern von Werken des Vitruv, des Palladio und all der anderen Baumeister, die mehr auf dem Zeichenpapier geträumt als Steine in die Natur gesetzt hatten, bei meinem Onkel, einem Baumeister, der in Masuren Forsthäuser und Dorfkirchen baute, königlich preußisch. Er war gescheitert. Es hat sich mir eingeprägt. Kameraauge und Kameraohr warteten ungeduldig, daß ich über Goethe sprechen würde. Das Licht ließ nach. Mir fiel nichts ein. Ich verstummte vor der empfängnisbereiten Gier, auch die Schönheit der Kirche Il Redentore ließ mich eigentlich kalt. Ich sah Goethe in eine Gondel steigen, ihn den Gondoliere treiben, eifrig drängend über das Wasser zu kommen, die Stufen der Redentore zu erreichen, hinzufallen, zu knien. Goethes Schatten ging ein in die Dämmerung. Das Kameraauge sagte, »zu wenig Licht«. Das Kameraohr hatte einen Vogelschrei gehört.

VENEZIANISCHE FRAGMENTE

Die zusammenhängende Abschrift der Notizen erhielt den Titel »Venedig mit Goethe«, der schon bald erweitert wurde in »Venedig mit Herrn von Goethe, dem Chevalier de Seingalt, Gustav Aschenbach Dr. h. c. und einer Camera obscura«. Dieser Plan wurde nicht weiter verfolgt. Statt dessen entstanden die beiden folgenden Versionen der Koeppenschen Impressionen, »Venezianische Fragmente« und »Ich bin gern in Venedig warum«, denen die meisten Texte, in mehrfach veränderten Versionen und unterschiedlichen Reihenfolgen, zugeordnet wurden. Die »Venezianischen Fragmente« bieten die am intensivsten durchformulierte Prosafassung, sie stellen möglicherweise das (allerdings unvollständige) Manuskript einer geplanten Veröffentlichung dar.

Ich setze ein Zeichen, sagte das Kameraauge und malte einen Kreidestrich auf die feuchten Planken des Stegs. Sie, verehrter Herr Koeppen, steigen aus dem Wasser die Steintreppe hoch, wachsen langsam ins Bild, blicken in mich hinein, treten in den Kreidekreis, jetzt, ein hypnotisierter Vogel, wenden Sie sich zum Kanal und schauen hinüber zur Kirche Il Redentore. Sagte das Kameraauge. Sie erinnern sich, befahl das Kameraohr, erinnern sich an alles, an Ihre Geburt, an die roten Hände der Hebamme, an enge Kammern, weite Wiesen, Pferde, die Kindheit, Krieg und Unfrieden, ringende Fahnen, an die Bücher, die Sie gelesen haben, Sie erinnern sich, was Goethe gesagt hat, als er hier stand wie Sie und hinüber blickte wie Sie und Il Redentore, das Werk des großen Palladio bewunderte. Sagte das Kameraohr. Die camera obscura sprang mir in den Rücken, hockte sich auf die Schulter, biß sich fest, ein Dämon, der einen Affen reitet. Wir suchten eine Kapelle zu einem Seelenamt für Casanova.

Im Zug über den Bahndamm von Mestre nach Venedig. Station Sehnsucht übers Jahr. Mestre ist ein Ort auf sicherem Boden. Landende. Was nun kommt ist Landunter. Wasser, Schönheit, Größenwahn, Geschichte, der Sumpf, das Reich der Frösche, der Tod, ein altes Prinzip Hoffnung, angeboten den Schaulustigen der ganzen Welt. Sonntagmittag. Herbst. Zwischen Sommer und Winter. Die Lagune rechts und links. Das Wasser, die Gleise, der Schotter unter ihnen im Sonnenglast. Der Express Paris-Venedig. Kleine künstliche Blitze, Gewitter auf dem Blechdach. Ein Franzose mit mir im Abteil. Er kann nur vom Montmartre kommen, er ist sehr dick, er ist ein Baby im besten Mannesalter, seine Nacktheit steckt einzig allein in einer Transportarbeiterschürze, es ist leicht, seinen Hintern oder sein Geschlecht zu sehen, auf seinem festen Hals trägt er stolz den Kopf Balzacs von dem Denkmal von Rodin, allerdings Montparnasse, Café du Dôme. Er beugte sich weit aus dem Fenster des Zuges und schenkte der näherkommenden, aus Lichtspielen aufsteigenden einzigartigen Stadt jenes Entzücken, das Goethe, als er in einem Boot auf der Brenta heranreiste, »mit einem stillen feinen Auge« spürte und sich der »großen Existenz« des Wunders Venedig bewußt wurde.

Wie oft ich komme, mit der Eisenbahn über den Damm, durch die gleißende Lagune, Paris-Venedig, München-Venedig, Rom-Venedig, zu Schiff von der Adria, von den Göttern, von den Tempeln, von den Säulen, den Inseln, der großem Mediterranee, Venedig verhext mit seinem Licht, denn hier beginnt schon, es ist die Grenze, das Europa zum Nordkap, es hitzt noch das Licht selbst der Tropen, es dräut Atlantis' und Vinetas Wasserschicksal, hoch die Giebel, die Geisterluft der Größe, der Einbildung, des Versinkens in Blut und Wahn, überall die Geschichten aus der Geschichte, altes Entzücken stellt sich ein, es ist erreicht, der Reisende aus der Bahn geworfen, auf dem Bahnsteig wie an Land gesprungen, er ist sich des ewigen Abenteuers Venedig bewußt. Das Volk vor dem Bahnhof ein vertrautes Bild, der breite Kanal vor dem Bahnhof und auf seinen Wellen die ständige Regatta nach dem unbekannten Ziel jeder Stunde, ein gelungenes Plakat aus den Schaufenstern der Reiseagenturen. Das Wasser ist die Kraft und der Atem und das Sein dieser Stadt. Und die Brücke vor der Bahn ist die Brücke, über die sie alle gegangen sind, von denen ich in den Büchern über das Märchen Venedig gelesen habe, dort die Kirchen, in die sie sich flüchteten, vor dem Tag, vor der Nacht, vor den schwierigen gefährlichen Geschäften, vor den starken Lüsten, vor der Liebe, die sie beglückte und quälte, vor der Untreue in der Ehe, die nicht unerwartet kam, doch nicht befreite, vor dem Tod, der allein und einzig feststand in so viel Unsicherheit, ob nun ein Priester in einer der vielen Kirchen sie getröstet hatte oder verdammt, die Sonne, der Mond, die Sterne gehen auf und unter in diesem abgründigen Spiegel des Wasserlebens. Kometen werden prophezeit und erschrecken nicht.

Große Ansichten sind in uns gespeichert, überblenden sich dauernd, ein immer neues Déjà-vu-Erlebnis, wir sind fabelhaft informiert, wissen alles und nichts, ein skurriles, am Ende vielleicht gottgefälliges Spiel, wo wir auch weilen, ich hier auf dem zugigen Deck des alten verschrammten, schön schäbigen Vaporétto, ein solcher Dampfer ging in einer Nacht wie heute unter im Nebel, sackte plötzlich ins Wasser, war weg mit Mann und Maus, Gatten, Mütter, Ernährer blieben aus, die Mama trat nie wieder ans Bett, am nächsten Morgen störte es keinen, die Schiffe spurten den Fahrplan, die Passagiere drängten zu neuen

Taten, jeder für sich ist die Mitte des Universums, jeder bildet allein den einzig erkennbaren Moment der Geschichte, wir sind Erben aller schrecklichen Vergangenheit und Nachschub für die Opfer einer unbeherrschten Zukunft. Vorbei an den bekannten berühmten Palästen, den bewährten schönen Träumen der Postkartenalben. Könige hausten hier und meinten zu herrschen. Bettler beschämten die Könige. Künstler glaubten die Schöpfung zu revidieren. Verfolgte wähnten sich durch das Wasser der Lagune geschützt zu haben. Shylock rang mit dem Erdenfluch des Geldes, Desdemona starb am Erdenfluch der Täuschung und der Eifersucht. Othello erstickte in seinem schwarzen Wahn. Selten ein Licht hinter der Märchenfront der düsteren Fassaden. Manchmal leuchtet eine Laterne über einer Bootslände einem Besuch, der nicht kommt. Ich wäre gern ein Gespenst. Adresse Ca'd'Oro, Canal Grande, Venezia.

Labyrinth. Entlaufen in die engsten Gassen der Traumstadt, auf ihrem Brunnengrund, im sonnenlosen Mittag, kann ich, breite ich Goethe nachgehend die Arme aus, beidseitig gleichzeitig die alten Häuser mit den Händen greifen. Nicht warm, nie kalt. Schimmel auf geschlagenem Wald. Schwamm im Stein. Die kräftigen Arme der Polypen hinter der Tür. Besuche der Lurche. Masken der Venus. Im kleinsten Raum der Mensch. Versteck der Wünsche und Ängste. Die Lust, das Unbehagen in der Wabe. Ein Bienenkorb ist ein Arbeitshaus. Goethes schönes Kind. Die nie erfüllten Wünsche, die erfüllten Voraussagen der Angst, der traurigste Roman.

BIRRA
FORST
BIER
ERIA
BAR
GIANNI
PIZZERIA
RISTORANTE

Im Dogenpalast ich nicht als Doge, nicht als Staatsinquisitor, nicht als Angeklagter, nicht als Gefangener, nicht als Flüchtling, nicht steckbrieflich gesucht, nur als einer, der nicht mehr belangt werden kann, wenn ich's mir nicht einbilde, einer, der Geschichte nicht mehr mitmacht, wenigstens nicht in Venedig, der sie betrachtet von gelehrter Warte, eingebildet, verbildet, klüger, den noch übleren Torheiten meiner Tage verfallen, heute wandelnd in der Loggia, über die Goldene Treppe gekommen, windgeschützt, regenbewahrt, im Schatten vor greller Sonne, blickend auf die alte Hure San Marco, auf den bunten Kanal, die schillernde Lagune, schließlich das Meer, in Leibesnähe die Touristen, wie sie einander und alles in kleine Kameras pressen, ein stolzes weißes Schiff unter roter Fahne und Hammer und Sichel am Schornstein fährt Kapitalisten zu südlichen Küsten, Erholung vom Geld, Urlaub von der Angst, Geld zu verlieren, glückliche Stunde, über mir die vier goldenen Pferde des Heiligen Marcus, gestohlen von Kaufleuten in Konstantinopel, Raubbeute, Kriegstribut, Orden für die Diebe, Goethe war nicht begeistert, fand die Rösser fromm wie Lämmer, der Dogenpalast sprach Recht, wie immer die Menschen, ehrte und verurteilte er aus selbstherrlicher Macht, aber es war ihm nicht fremd der Zweifel an der Gerechtigkeit, Reliefdarstellungen ums regierende Haus, das Urteil Salomos, der Sündenfall, seltsamer- oder anzüglicherweise der trunkene Noah, Retter aller Kreatur, und wie leicht einer straucheln kann, und da die Erzengel, schützend und drohend und immer wieder das Schwert, Saal der Zensoren, Kammern der Staatspolizei, die Decke des Gerichts schmückt

Tintorettos Heimkehr des verlorenen Sohnes, nicht immer wurde ein Kalb geschlachtet zu seinen Ehren, Casanova kannte das wahre Gesicht der Justiz, war beobachtet, war denunziert, war verhört im dritten Grad, war gefoltert, war verurteilt worden, aus den Bleikammern der Gerechtigkeit entwischt, fand er sein Grab in Böhmen, die beiden Granitsäulen vor dem Molo San Marco, wo die Gondeln warten für jedermanns Traum von Venedig, waren im Libanon gestohlen, als Beute und Geschenk zu den Dogen geschleppt, der Architekt, der sie hochzog, wollte Geld sehen, stellte Tische für Glücksspiele unter die frühen Wolkenkratzer, gezinkte Karten, der Heilige Theodor, der erste Patron von Venedig, reitet hoch durch die Luft, im Wind vom Meer, teichgrün in der Sonne, auf einem Krokodil, dem biblischen Leviathan, und abermals geschah Gerechtigkeit, zwischen den geraubten Säulen war nun die Hinrichtungsstätte der Republik, einem Knaben wurde der Kopf abgeschlagen, er sollte gestohlen, das ehernste Gesetz der Menschheit, die Heiligkeit des Eigentums verletzt haben, er hatte aber, wie sich zeigte, als er ohne Kopf war, nichts aus dem großen Korb gegriffen, starb mit leeren Taschen, fiel, wie er gelebt hatte, arm, Justitia sah zu, die Dogen sahen zu, das Volk sah zu und war trunken und begeistert von lauter Gerechtigkeit, später, viel später wurde an selber Stelle ein Bildnis der Mutter Gottes feierlich geweiht und mit Rosen bekränzt. Hast du Glück in Venedig, kannst du ihren feinen Duft riechen.

Venedig war und ist geblieben eine Versammlung der Kirchen: Prachtfassaden, goldene Kreuze des Gekreuzigten,

Sumpf unter den Knien der Betenden, Wasser und Geschäftigkeit ringsum. Kaufleute und Geldwechsler, die Enkel aus dem Tempel in Jerusalem herrschten in der Stadt, die Priester versuchten sie zu regieren, auch im Portal der Kirchen traf der Dolch, auf der Tafel des Palastes wurde das Gift serviert. Aller Lust zum Trotz oder zur unheiligen Dreifaltigkeit dekoriert. Gotteshäuser spiegeln sich im großen Kanal, sind einmal wie zweimal da und in drei Elementen, im Wasser, der gedämmten Erde, der Luft aus Schönheit und Gnade, die Tür ist offen, der Herr ist gesprächsbereit, heute wird die Stadt nicht versinken, Venedig nicht Vineta werden, heute, mehr wird nicht versprochen, der Gast wird fromm geleitet, San Marcuola, San Silvestro, San Angelo, San Tomà, San Samuele, die Stationen der klerikalen, kommunalen Schiffahrt, dem Besucher Goethe fiel schon auf, daß die Theater nach den Kirchen ihres Sprengels heißen. War der Vorhang nach dem Schauspiel gefallen, rief das Publikum hingerissen die Toten, applaudierte leidenschaftlich allen in der Tragödie Umgekommenen, den Erschlagenen, Erdolchten, Vergifteten, Erwürgten, »i morti« rief man sie heraus und dankte ihnen bewegt, »bravi i morti«. Das ist eine Hommage für jeden Venezianer, das gilt ihm, ob er schon tot ist oder des Todes gewiß, heute, morgen, an seinem Jüngsten Tag. Die Toten sind Venedig und seine Geschichte. Das Motorboot, beschwert mit einem Sarg und beglückt mit bunten Blumen, rast wie ein fröhliches Vivat über die Wellen, die sein Propeller ins Wasser schlägt. Carlo Goldoni, Meister der Commedia dell'arte, Leibesdoktor, Seelentröster steht wohlgenährt und fest auf dem Sockel seines

Denkmals mitten in seiner Stadt, überblickt die Geschäfte und die Geschäftigkeit, wohl auch die endlose Vergeblichkeit rings um sich selbst, er lacht und lacht.

Riva degli Schiavoni. Die Schiffe zum Lido, die Schiffe nach Chioggia, das Floß der Ferien, die Barke der alten Schriftsteller, ein Kriegsschiff, ein Polizeiboot, ein großer Kahn gleitet seewärts, einen roten Stern auf einem weißen Schornstein. Ich sitze unter armen Herbsttouristen vor einem Café neben dem teuren Hotel Danieli. Dämmerung fällt. Die Dogana di Mare, die mächtige Kirche San Giorgio Maggiore, ein Entwurf des Palladio, schmelzen im Gegenlicht der untergehenden Sonne. Goethe, in einer Gondel, fühlt sich als Herr der Adria. Auf ein pompöses Podest gestellt reitet auf mich zu ein wilder Mann. Er schwingt einen Säbel. Es ist lächerlich. Ein Terrorist galoppiert in die Stadt. Das war nach Goethe. Der Nationalismus brach überall aus. Goethe hat ihn kommen sehen. Nicht begeistert. Kinder kleckern das letzte Waffeleis des Tages auf den Granit des vaterländischen Monuments. Eine verblutende rötliche Landkarte. Das Polizeiboot bewegt sich, eskortiert einen Filmstar, den Schattenverkäufer, den wahren Helden der Jahre, zur Anlegestelle des Danieli.

Wenn es dunkel geworden ist auf der Riva, wenn der Mond über der Toteninsel steht, kann man durch ein vergittertes, doch unverhangenes Fenster in den ebenerdigen Salon des Grand Hotels Danieli blicken. Die Gäste des Hotels sitzen dort im Licht der Kronleuchter auf Stühlen alter Vornehmheit für den Betrachter eingesperrt wie Tiere in einem Käfig. Eine Menagerie, die Bestien sind zur Schau gestellt, doch interessieren sich fröstelnd im Nachtwind nur wenige eilig Vorübergehende für sie. Ich habe nie begriffen, daß Reiche immer nur mit Reichen verkehren, nur ihnen das Brot brechen, als wollten sie es baldigst zurückhaben. Schon die Gästeliste der Soiree unserer berühmten Gastgeberinnen läßt auf das träge Sein, das Laufwerk der Unterhaltung der Eingeschlossenen schließen. Es gibt in der Bibel, die viele schöne Geschichten erzählt, die Chronik über das Gastmahl eines großen Herrn, dem die Gäste ausbleiben. Da schickte er seine Diener auf die Straße, wo allein noch Volk war, die Ärmsten, die Bettler, alle Ausgestoßenen, die vor dem Gesetz und dem Tag sich verbergen, einzuladen. Der reiche Herr erlebte endlich an seiner prächtig gedeckten Tafel einen unvergeßlichen Abend faszinierender Gespräche, überraschender Einsichten und Speisen, die wieder schmeckten, Wein, der berauschte.

Kellner, Roboter des Sommers, stehen im Halbschlaf des Winters zwischen den unbesetzten Stühlen und Tischen hell erleuchteter, vergeblich wartender Restaurants des Fremdenverkehrs.

Der Markusplatz, der prächtige Ballsaal für Tote, hadesfarben wie auf dem Prozessionsbild des Francesco Lazzaro Guardi, nur ganz ohne Leute, ein langgestrecktes, in seinen geraden Maßen unheimliches, plötzlich einem Exerzierplatz ähnliches Rechteck. Versteckt im Eingang zur

Markuskirche eine Gesellschaft junger Menschen. Sankt Markus ist nun eine Höhle ohne Licht, ohne Schmuck, ohne Rot und Gold. Zigarettenrauch, Musik von einem Band, ein spirituelles Feuer, eine Melodie so depressiv wie aggressiv.

Napoleon, der nicht als Tourist, sondern als Eroberer nach Venedig kam, was etwas für und sehr viel gegen sich hat, fand den Markusplatz den schönsten Ballsaal Europas. Wie alle Diktatoren pfuschte er gleich der Geschichte in die Architektur, schloß den Platz zu einem Schlafzimmer von Riesenmaß, in das er das Bett seiner kleinen Körpergröße stellen wollte, um in ihm und vor aller Welt mit einer Prinzessin von Geblüt einen legitimen König zu zeugen. Es war gleichgültig, mit welcher Hoheit, aus welchem alten Stamm. Es galt, Korsika zu verdrängen, den geliebten heißen Schoß, es hieß, in Paris, im Palais Royal, in Versailles, über dem Volk souverän und kalt zu sein, und doch war es die Dame Josephine, angeschwemmt von der Karibik und angezogen von den Gerüchen der Welteroberung, mit der er hier tanzen mochte im alten Ballhaus der Verkleidungen des Karnevals von Venedig. Oh die Kostüme, mit denen sie hier gegangen waren, noch nicht als Napoleon der Größenwahnsinnige, oh nein, mit Bruder Casanova im Domino und die Rattenvogelmaske vorm Gesicht, dreispitzbehütet, ein Mann von Ehre, den Mund über den Raffzähnen gespitzt, ständig bereit, den Freund zu verraten, Gattinnen und Töchter zu schänden, dem verehrten Förderer den Dolch oder das Gift zu geben, ins Herz oder in den Schlund, alles und nichts in Papier mit der Feder zu ersticken. Die Republik Venedig, unsere ehrenwerte Demokratie der Autokraten so hübsch geschminkt im Dogenpalast und auf dem Bucentaurus, der bekränzten Galeere, und rot die Robe von Blut, das der Henker willig lieferte. Ja, ich liebe diese Stadt. Ich atme tief in ihrem Winter. Der Platz ist dunkel. Laternen geben ihm ein Trauerlicht. Ballsaal der Toten. Grabmal der reichen Erblasser. Im pompe funèbre gingen sie über die Lagune, Fahrt zur Toteninsel in der schlanken schwarzen Gondel. Ich schleiche mich ein. Wandere gemessenen Schrittes um den Platz, streng im Trapez. Am Fuß des Campanile die jungen Wanderer, die lieben Vaganten der alten Carmina burana, kauten den Kaugummi aus Chicago, wie einst freie Kühe das Heu. Was wars, das ich ihnen neidete? Sie bemerkten mich in der fünften Runde. Ich war schon groggy. Lachten mich aus. Wissen nicht, was ihnen bevorsteht.

Als Kind lebte ich bei einem Baumeister. Er besaß eine schöne Bibliothek, Prachtbände zur Architektur mit vielen kostbaren Bildern. Für mich waren es Traum- und Märchenbücher. Ich baute sie um mich auf. Es geschah auf einem fliegenden Teppich. Der Baumeister war königlich preußischer Baurat in Masuren. Es hieß, er sei nach Ostpreußen strafversetzt worden. Ich weiß nicht, warum. Er baute Schulen, Forsthäuser, Dorfkirchen und wollte wie Vitruv und Palladio sein. Vitruv war ein Kriegsbaumeister des Augustus. Er baute Festungen und Maschinen, die Festungen zerstörten. Palladio baute Rotunden, Landhäuser, Kirchen und ein antikes Theater, ganz nach dem Herzen Winckelmanns, der von Griechenland schwärmte, das er nicht kannte. Goethe liebte Palladio und den armen Winckelmann, der ausgezogen war, das Land der Griechen mit der Seele zu suchen, und in Triest ermordet wurde. Goethe kam oft, diese Kirche Il Redentore, die Palladio gebaut hat, zu bewundern. Ich vermute, daß er hier stand und über das Wasser blickte. Was er suchte, war ein Bild, das er als Kind gesehen hatte, in einem Buch seines Vaters. Goethe schrieb: »Jahrelang sollte man in der Betrachtung eines solchen Werkes zubringen.« Er ließ sich über den Kanal rudern, griff das Werk mit Händen. Später, als er Venedig nicht mehr mochte, notierte er im Tagebuch, Palladio habe nur gebaut, um Adlige zu ruinieren. Er hatte dies von Italienern gehört. Ich verstehe den Sinn nicht. Es bewegt mich, hier zu stehen, wo Goethe stand, wie Goethe zu bewundern, dieses Wasser, diese Kirchen zu sehen, der Bilder, der Bücher, der Jugend zu gedenken, ein Schimmer schöner Ewigkeit.

Mauern faszinieren, entzücken und ängstigen mich in vielfacher Weise. Vielleicht weil ich als Kind bei einem Baumeister aufwuchs. Alt ist die Furcht, eingemauert zu werden, über eine Mauer nicht fliehen zu können, vor einer Mauer erschossen zu werden. Die rote frische Ziegelmauer eines Neubaus ist schön. Wer den nassen Mörtel riecht, freut sich auf das Haus. Der verschwärzte Mauerbruch einer Ruine erzählt die uralte Geschichte vom Scheitern. Fondamenta delle Zattere, ich stehe am Canale della Giudecca, dicht bei der Dogana, das Wasser ist tief, es trägt Tanker, ich stehe vor einer Mauer. Die Mauer wird Tag für Tag von der Flut gefressen. Die Bisse sind zu sehen. Meine Hand legt sich in die Wunden. Bald wird es diese Mauer nicht mehr geben. Selbst die Insel, die diese Mauer trägt, wird verschwinden. Das wird sein, wenn ich verschwunden bin. Ich besuchte hier ein Zimmer. In dem kleinen Zimmer mit dem weiten Ausblick zum Meer hat der Dichter Ezra Pound gewohnt. Er sah in seinen Gesängen die Welt tragisch. Er glaubte an Helden, an Sagen, an die alten Götter des Olymp, an das Schicksal, an die Ananke, den gezwungenen Zwang, an das auf uns wartende schwarze Loch im Universum. Er verachtete seine Landsleute, die Amerikaner, und täuschte sich in den Italienern. Mit entschlossenen Mördern meinte er, sich gegen die Spießer zu verbünden. Er sprach Haß in den Äther, schrie über das Mittelmeer gegen seine Herkunft, und sein Wort brachte viele vor die rote Mauer der Erschießungskommandos, bis er selbst dort stand, vor dieser roten Mauer, wortlos, klein, elend und alt, vor den angelegten Gewehren und begnadigt wurde, weil Babbit, der Spießer, sagte, der Mann ist irre.

Sonntagvormittag, im Netz verschlungener Wege eine Prozession von schwarz gekleideten Trägern schwarzer Schirme. Sie entgehen einem Irrgarten ältesten Lebens auf dem Platz der Scoula di San Rocco und der San Rocco Kirche. Katzen haben sich dort schon versammelt, als erwarteten sie Einlaß in das Gotteshaus und zur Predigt. Doch verharren sie halb versteckt unter Vorsprüngen, Gesimsen, Teufelsköpfen, geschützt vor dem Regen. Die Katzen beobachten die frommen Menschen. Ich beobachte die frommen Katzen und die frommen Menschen. Die camera obscura beobachtet mich. Ich wahre nun vor den Katzen eine achtungsvolle Distanz, versuche nicht, mich in ihr Wohlwollen, gar ihre Liebe einzuschmeicheln, nachdem mich gestern vor der alten Zitadelle eine der schönen Katzen gebissen hat. Die Wunde brennt noch, die Hand ist geschwollen, ich denke an Blutvergiftung und Tollwut. Die Katze war eine Persönlichkeit, rothaarig, stolz und sehr gepflegt. Sie hatte sich mir liebenswürdig, schnurrend, buckelnd genähert und plötzlich mit einem kühnen Sprung in meine streichelnde Hand gebissen. Die camera obscura filmt die Szene. Es verletzte mich. Ich bin ein Freund, ein Liebhaber der schönen Wesen. Es war ein Biß Venedigs, der mich traf, hinterhältig, verwerfend. Ich sah sie wieder, die Untreue, das tückische Aasvieh. Sie saß im neuen Mittagslicht wieder vor der alten Zitadelle, rothaarig, sehr gepflegt, putzte sich eitel, schnurrte freundlich. Ich war dumm, ich machte ihr Vorhaltungen. Sie erinnerte sich an nichts. Sie war die Unschuld selbst.

In der Scoula di San Rocco ungefegte Säle, verstaubte Fenster und nachgedunkelte Bilder. Sein Museum wird dem Tintoretto, der hier reiche Kaufleute und den reichen Kaufleuten fromme Bilder malte und sich in der Fron fühlte, der er nie entkam, nicht gerecht. Schon Goethe hatte Einwände gegen den Sohn des Färbers. Tintorettos fliegende Menschen, seine überdehnten Gestalten des Vordergrundes erschreckten den deutschen Klassiker. Überdies hielt er, ein aufgeklärt Erzogener, biblische Motive für die Crux der Künstler. Dennoch störte ihn, die Aufklärung hält das Vernünftige auch für das Saubere, der Heilige Rocco unter Verbrechern und Dirnen. Der Maler aus dem Färberviertel Venedigs wußte es wohl besser. Ich halte Tintoretto für den leidenschaftlichsten Meister der Venezianischen Schule. Das »Wunder der Bronzeschlange«, seine »Maria Magdalena« sind schon überraschend surrealistisch zu sehen. Seine Fruchtornamente führen direkt zu Klee.

Die Regenschirme waren nun alle in die Kirche gegangen. Allein die Katzen waren auf dem naßen Platz geblieben. Doch hätten sie sich im Kirchenschiff auf guter Fahrt gefühlt. San Rocco war ringsum mit einem roten Stoff ausgeschlagen, den man üppig nennen konnte. Höllenfeuer für Schlemmer. Es brannten überall freiflackernde Gaslampen. Propangasstrahler speisten wie Feuerbrunnen. Über den Andächtigen hing ihr eigener süßlicher einlullender Atem. Ich dachte an ein Symposium im Hades, an den Rauch zum ewigen Leben, selbst an den Lakengeruch eines Lupanars der reichen Kaufherren von San Rocco, den Antreibern des Tintoretto zu sich selbst.

ICH BIN GERN IN VENEDIG WARUM

Diese Fassung des Koeppenschen »Venedig«-Projekts enthält einen Großteil der von ihm selbst gesprochenen Kommentare zu dem gleichnamigen Fernsehfilm, den Ferry Radax von November 1979 bis März 1980 im Auftrag des Westdeutschen Rundfunks Köln in Venedig drehte (Erstsendung: 24. Oktober 1980). Begonnen unter dem Titel »Ich bin gern in Venedig, aber warum?«, der bald von der endgültigen Formulierung abgelöst wurde, enthält sie neue Teile, Überarbeitungen und Kürzungen der anderen Versionen.

Ankunft. Ich komme immer zu früh, ich habe mein ganzes Leben lang darunter gelitten, daß ich zu früh komme. Schon in der Schule war ich immer zu früh vor dem Anfang des Unterrichts da. Zu allen Verabredungen komme ich zu früh, zu Zügen komme ich zu früh, dann komme ich an und dann stehe ich da und es ist eigentlich nichts.

Jedesmal wenn ich angekommen bin, ein Augenblick von Glück. Allerdings war immer schönes Wetter. Die Kirche strahlte – man denkt, man fährt mit einer Gondel vor, all das ergab sich dann nicht. Aber doch schön es zu träumen.

Auf dem Canal: Fahrt vom Bahnhof zum Rialto. Das ist der Palazzo Vendramin-Calergi und da steht dieser Satz: Non nobis Domine – steht gemeißelt am Palazzo Vendramin-Calergi, wo Wagner weltberühmt starb. Und wie qualvoll wars in seiner Todesstunde, überall die Drehorgel zu hören, mit der Musik Verdis, den alle liebten und alle ins Herz geschlossen hatten.

Die Geschichten aus seiner Geschichte sind ein altes Entzücken. Bleiben ein junges Entzücken. Es ist wieder erreicht. Der Reisende wird aus der Bahn geworfen. Er ist an Land gesprungen, des Abenteuers gewiß. Das Volk vor dem Bahnhof.

Ein sehr vertrautes, nie vergessenes Bild: der breite Kanal vor dem Bahnhof und auf seinen Wellen die ewige Regatta nach dem unbekannten Ziel jeder Stunde, ein gelungenes Plakat aus den Reisebüros der Welt. Das Wasser selbst die Kraft und der Atem Venedigs. Und schon die Brücke, über die sie alle gegangen sind, von denen ich in Büchern gelesen habe.

Rialto, die Treppe des Shylock. Wie sehr Shakespeare, der nie in Venedig gewesen ist, das gesehen hat. Ich sehe Shylock, die vielen Inszenierungen, die ich besucht habe, und früher wurde er zu einer grausamen Figur, dann zu einer Mitleidsfigur. Kortner machte ihn zu einem Rächer.

Dort die Kirchen, in die sie sich flüchteten vor dem Tag, vor der Nacht, vor den Geschäften und vor ihren Lüsten, vor der Liebe, die quälte, der Untreue, die nicht befreite, vor dem Tod, der allein feststand in so viel Unsicherheit, ob nun der Priester sie getröstet hatte oder verdammt. Die Sonne, der Mond und die Sterne gehen auf und unter in diesem schillernden tiefen Spiegel des Wasserlebens.

Hotel Rialto. Hier stieg ich aus, hier landete ich zum ersten Mal in Venedig. Die Sonne brannte. Ich nahm mir ein Zimmer und erlebte das Leben, wie es hier war, den Alltag. Und auf der Brücke sah ich Shylock und den unbedarften Antonio, den Kaufmann von Venedig. Die Zeit der Morde war noch nicht gekommen. Ich wartete auf ein Mädchen. Das Mädchen kam. Wir hatten ein schönes Zimmer. Wir konnten uns nicht sattsehen an dieser

Brücke, an dem großen Kanal. Wir holten uns Wein vom Fischmarkt, billigen Wein. Das Mädchen verschwand. Ich hatte mein Geld ausgegeben. Ich wohnte in diesem Hotel und konnte nicht bezahlen.

Ich wäre in das Hotel Rialto, so wie es heute ist, mit Neonschrift und Bierbar und Pizzeria unten, nie hineingegangen und hätte nie um ein Zimmer gebeten. Damals war es noch ganz romantisch, man konnte sich noch vorstellen, daß Goethe dort abgestiegen wäre oder Winckelmann oder Hugo von Hofmannsthal. Es war ein ganz anderes Venedig. Es war noch ein Venedig ohne das Heer der Touristen.

Ich habe nach vorn heraus gewohnt, und alle hatten wir ja große Hoffnung und ich dachte: Mein Geld wird reichen, der Wirt dachte: Der hat Geld. Nun, es war alles sehr schön, und dann wurde es sehr ernst, aber der Wirt war nett und ich bin lebend und unverhaftet aus dem Haus und aus Venedig hinausgekommen. Und der Wirt hat auch sein Geld bekommen.

Mir ging das Geld aus. Das war so: In Deutschland war der Nationalsozialismus ausgebrochen, und es herrschten ganz strenge Devisenbestimmungen. Man durfte nur 100 oder 200 Mark allenfalls mit auf Reisen nehmen, und ich war schon lange auf Reisen, bin in Sizilien gewesen und so hier gelandet und hatte nur noch wenig Geld, hoffte, daß mir aus Deutschland Geld geschickt würde von meinem Verleger, von Cassirer, aber das Geld konnte nicht geschickt werden wegen der Devisenbestimmungen, außerdem war Cassirer Jude, er hatte besondere Schwierigkeiten. Das Geld kam nicht an, und ich saß hier völlig blank und hungerte, bis der Wirt es merkte. Und dann bot er mir an, ich könnte ja bei ihm essen. Er sagte nicht: Sie müssen ausziehen, wenn Sie kein Geld haben, sondern er sagte, ich könnte bei ihm essen. Ich wagte dies nur einmal am Tag, entweder mittags oder abends, wahrzunehmen. Es war damals ein Luxusrestaurant. Da gab es besondere Fischspeisen und Garnelen und Scampi, und ich aß die auch sehr gerne. Sie waren sehr teuer, und meine Rechnung stieg und stieg, sonst aber, außer dieser Mahlzeit, hatte ich nichts zu essen. Nicht eine Scheibe Brot konnte ich mir leisten, keinen Kaffee. Nichts, gar nichts. Bis dann das Geld kam, da habe ich den Wirt eingeladen. Wir haben zusammen gespeist, ich zahlte, mein Geld war schon wieder weg, aber ich konnte doch noch abreisen. Es wurde dann der Schauplatz, einer der Schauplätze, die Anregung für meinen Roman »Eine unglückliche Liebe«, den ich hier angefangen und in Berlin vollendet habe.

Vor dem Café Cavallo. Ein Beispiel der Zeit, wie sie vergeht: Ein Café, wo man sich wohlfühlte. Nach zehn Jahren kommt man zurück. Es ist wie eine Vorhölle. Eine kleine Vorhölle. Und man denkt, sie ist für einen selbst bestimmt, und es kommt der entsetzliche Gedanke, man müßte hier täglich hineingehen. Es ist alles geweißt, es ist blank, es ist sauber, der Kaffee kommt aus der Automatik. Das Telefon verfolgt einen, man wird traurig und läßt den Capuccino am Ende stehen, man zahlt und geht.

Die vielen kleinen Bars in Venedig, die man in jeder Straße findet, ich liebe sie sehr. Die ganze Stadt riecht morgens zwischen 8 und 9 nach schwarz gebrannten Espressobohnen und nach irgendeinem süßlichen Likör von Strega oder einem anderen Produzenten. Und abends zwischen 7 und 8 ist es das gleiche, oder zwischen 6 und 7. Die Venezianer gehen hinein, vor ihrer Arbeit, um sich zu stärken, das Entsetzliche der Langeweile des Arbeitstages zu überwinden, damit sie überhaupt hingehen. Und am Abend ist es das gleiche. Da schützen sie sich mit einem Espresso, mit einem Schnaps vor ihren Familien, vor ihrer Frau, ihren Kindern. Und ich sehe sie in das Café gehen, in die Bar gehen. Aus der Bar kommen, als tragische Figuren, die meine große Sympathie haben.

In den engen Gassen Venedigs sind wir mitten im Gedränge einer Menge, die, bevor sie schlafen geht, durch die Stadt eilt, von der Arbeit weg zum Bett hin, unterwegs die Einkäufe besorgt, ein wildes Leben eigentlich, und ich freue mich immer wieder, die Einsamkeit in der Menge zu genießen.

Die vielen Kirchen in dieser Stadt. Venedig muß ungeheuer unter dem Einfluß der Kirche gestanden haben, oder die Leute waren sehr verzweifelt und wollten dauernd in die Kirche gehen und beten und hoffen, daß dann das Schlimmste an ihnen vorübergeht. Es heißen ja auch die Theater in Venedig nach der Kirche, in deren Nähe sie liegen, und die ganzen Stadtteile heißen nach Kirchen. Es ist eine kleine klerikale Diktatur hier noch zu spüren, die man von der Geschichte her, soweit man sie kennt, gar nicht vermutet hat. Die Dogen müssen also abhängig vom Vatikan gewesen sein. Oder die Leute waren eben wirklich sehr, sehr fromm, oder, ich muß es noch einmal sagen, sehr, sehr verzweifelt, sehr arm und fürchteten ganz entsetzlich den Tod.

Pompe funèbre. Die Toten sind diese Stadt und ihre Geschichte, sie sind das Kunststück Venedig. Das Motorboot, belastet mit einem Toten in seinem Sarg und vielen Blumen bunt über dem Sarg, rast wie ein fröhliches Vivat über die Wellen, die es selbst ins Wasser schlägt.

Mit dem Pompe funèbre über die Lagune zur Toteninsel gefahren. Toll der Wind. Hoch geht die See, wenn da einer rüberfährt, ein Toter jetzt in seiner Gondel, und die Sache paßt ihm nicht. Er stürzt sich ins Wasser, stürzt mit dem Sarg ins Wasser, ertrinkt. Es ist ihm lieber, als dort beerdigt zu werden.

Hier der alte Witz. Man kommt zum Irrenhaus, klopft an, der Wärter brummt durch die Tür: »Was ist los? Was wollen Sie?« Und ich sage: »Ich bin verrückt.« Und dann sagt er: »Sie sind wohl verrückt!« Und schließt nicht auf.

Dieses kleine Haus, wenn man mir das bis zu meinem Tode zum Wohnen gäbe, das wäre sehr schön, und ich glaube, ich wäre glücklich. Es ist eine volkstümliche Gegend, aber ich mag sie und das Haus gefällt mir sehr.

Hier dieses Blumengeschäft mit diesen roten Blumen dahinten, ist doch schön. Schöne Blumen in einer Großstadt sind immer eine besondere Form von Naturgenuß. Die Schönheit der Farbe, des Sommers, des Herbstes, sie kommt zwischen Häusern oder gar in Höfen, hinter Mauern, besonders ansprechend hervor. Von der Natur zur absoluten Schönheit. Man kann sie nach ästhetischen Gesetzen betrachten und freut sich wieder, ein Stadtbewohner zu sein.

Ich habe mir dann auch eine Gondel genommen und bin zu diesem Hotel, nein, das war ja kein Hotel, sondern ein Zimmer, gefahren, das ich mir hier gemietet habe. Aber diese frühe Gondelfahrt, es war noch ganz leer alles, es war wunderbar schön, und das war eine Reise eben in eine Zeit der Geschichte oder in eine Zeit, die man eben nur aus Büchern kennt und in die man sich manchmal hineingeträumt hatte, in diesem Augenblick erfüllte sich das.

In einer Zeit, die nun vergangen ist, es ist lange her, da wohnte ich hier mal mit Marion. Wir hatten kein Geld, oder wir hatten wenig Geld, oder man hatte uns dies vermietet für einen Monat, zwei Zimmer hier, und wir wollten mit den Italienern leben. Das war auch sehr schön. Wir lebten mit den Italienern, aber es fing morgens um sechs schon an, da kam das Müllschiff vorbei und sammelte den Müll der Häuser ein und machte, wenn es um die Ecke kam, furchtbare Signalgeräusche. Also, wir wachten um sechs Uhr morgens auf. Und dann fingen Kinder an zu schreien, und dann wurden Kinder zur Schule vorbereitet, und es war ein tolles Leben. Manchmal waren wir verstimmt darüber, aber im Grunde war es doch schön.

Dies ist der Eingang des Hauses von damals. Wir brauchten sehr viele Schlüssel. Wir mußten erst mit einem großen Schlüssel das Eisengitter aufschließen, dann die andere Eisengittertür da hinten, und manchmal kam uns ein Hund entgegen, und erst mochte er uns nicht und bellte sehr, und dann waren wir sehr mit ihm befreundet. Als wir abzogen, lief er uns noch nach, und wir waren sehr traurig, daß wir ihn verlassen mußten. Seinen Namen habe ich vergessen.

Dieser Garten hier ist ein sehr kleines Restaurant, da haben wir öfter gegessen. Wir haben meistens Spaghetti und einen Fisch gegessen. Wir haben hier in diesem Lokal eigentlich wenig getrunken und jetzt die vielen leeren Flaschen.

Und die Vögel, die waren auch nicht da. Sehr traurig. Warum ist man immer darauf aus, Lebendes, lebende Wesen in Käfige zu sperren?

Und dann der kleine Platz dahinten, da gab es einen kleinen Weinhändler, und der hatte sehr billigen Wein,

der Wein war nicht gut, aber wir tranken ihn gerne, er schmeckte uns in diesem Sommer.

Es war viel weniger grell und viel weniger farbig und es war auch nicht »UFO 2000«. Da wäre ich wahrscheinlich gar nicht hineingegangen. Wir saßen da, und wir gingen auf die Straße mit den vielen Läden und kauften ein und aßen kalt in diesem Zimmer. Es war sehr schön. Und dann hatten wir es eines Tages satt und fanden, daß es zuviel ist. Zuviel Lärm, zuviel Nähe. Ganz plötzlich reisten wir ab, und die Wirtsleute fragten: »War es nicht recht?« Und wir sagten: »Es war sehr recht, wir danken. Grazie. Molto grazie.« Und irgendwie waren sie verstimmt, daß wir nicht geblieben sind, und es tat uns leid.

Heute bedrückt auf dem schönen malerischen so grausamen Fischmarkt. Goethe sprach von den aufgehaschten Meeresbewohnern nicht ohne Mitgefühl. Ich war einmal Schiffskoch. Ich war von der Schule weggelaufen und hatte als Küchenjunge auf einem Frachter angeheuert, und niemand glaubte, daß ich kochen kann. Ich konnte aber kochen. Das versöhnte mich mit den Leuten dort. Aber eines Tages vor Oleaborg, im Juli, in der Mitternachtssonne, hatten wir Fische gefangen, und ich sollte die Fische schlachten. Und ich weigerte mich, die Fische zu schlachten, und man war entsetzt, daß ich es nicht tun wollte. Und schließlich fand ich jemanden, der für eine Extrawurst die Fische schlachtete, und es war ein verlogener Kompromiß. Die Fische waren tot. Ich mußte sie braten. Die Besatzung aß die Fische und sagte mir, ich hätte sie gut gebraten. Und heute, hier auf dem Markt, hätte ich einem kleinen Seekrebs das Leben retten können, er war aus der Tonne gefallen, kroch herum, und ich griff nicht schnell genug zu, da hatte der Händler ihn wieder. Ich hätte ihn in das Wasser geworfen. Aber was hätte es genützt? Alle anderen Seekrebse blieben in der Tonne, einem grausamen Tod anheim gegeben. Das Leben ist kannibalisch. Wir fressen unseren Bruder, das Tier, und wenn wir schiffbrüchig sind, auf einem Floß hintreiben, werden wir uns überlegen, wen wir als ersten von unseren Gefährten schlachten. Ich mag dieses Leben nicht.

Man spürt hinter jeder Mauer das fremde Leben, denkt man, wie lange nach menschlicher Rechnung dies schon so ist, hat man die traurigste Geschichte, den großen Roman unerfüllter Wünsche. Ein ganzes Leben im Labyrinth. Casanova war nicht nur der Häftling der Bleikammern, er war der Gefangene Venedigs, lebenslang. Er lief im Kreis in diesem Ort des Größenwahns, der Raffgier, der Hinterlist, der schönen Täuschungen, der immerwährenden Geilheit und der ewigen Hoffnung, in Verkleidungen von sich selbst erlöst zu werden. Casanova gelang dies im Alter, und mehr als anderen in erstaunlicher Weise. Er wurde Schriftsteller.

Flaubert schrieb eine Seite am Tag. In einer Gesellschaft bat man ihn – »Sie sind doch Schriftsteller« –, einem Abwesenden eine Grußkarte zu schreiben. Flaubert ging in ein anderes Zimmer und blieb verschwunden. Nach drei Stunden erinnerte sich die Gesellschaft an ihn. Er saß am Tisch, die Karte vor sich und sagte: »So geht es – vielleicht.« Auf der Karte stand: Freundliche Grüße.

Ist der Schriftsteller eine Produktionsmaschine? Mein Verleger bat mich zu einer der Buchmessen, aus einem Manuskript vorzulesen, das er als Buch schon angekündigt hatte. Ich las vor einer Versammlung von Kritikern. Sie waren sehr liebenswürdig zu mir, fast klopften sie mir auf die Schulter. Ich lief fort und wollte gut essen. In Frankfurt zur Buchmesse aber wird man gefragt: Haben Sie einen Tisch bestellt? Ich hatte nicht. Ich ging in Frankfurts Untergrund, zum U-Bahnhof hinunter, zur Hauptwache. Da lagen damals die Gammler, die Blumenkinder, die Hascher und die Trinker. Gehörte ich zu ihnen? Ich blickte sie freundlich an, ich war ihnen fremd. Ich war schon wieder ein Beobachter. An dem Roman, aus dem ich in Frankfurt gelesen hatte, schrieb ich nicht weiter. Keine Zeile mehr. Er war entjungfert. Ich verwarf ihn. War ich in der literarischen Welt Moralist? Es ist anders. Manchmal glaube ich, mit dem Konzipieren und mit dem Anfang eines Werkes alles gesagt zu haben. Es gibt da viele Seiten. Sie liegen da, ich vergesse sie, ich denke mir was Neues aus. So ist das.

Goethe sprach von den Froschmenschen von der Biberstadt. Und er liebte Venedig sehr. Das Wasser auf dem Markusplatz kommt nicht in Wellen von der See, es kommt aus den Gullis. Steigt herauf und ich denke mir: Es steigt, es steigt und steigt und alles verschwindet hier und ist wieder das große Wasser mit fröhlichen Fischen.

Dieser Platz mit dem Denkmal Goldonis hat meine Liebe in der Erinnerung, diese Komödien, die doch sehr die Venezianer, so wie sie heute noch sind, erfaßt haben, durchschaut haben. Fast so eine Freudsche Durchleuchtung ihres Ehe- und Familienlebens. Aber es ist schön, sein Bild hier zu sehen, seine Figur, wie er in das Leben der Venezianer heute blickt, und vielleicht hat sich gar nicht so viel verändert. Es wird nur nicht mehr so gezeigt. Man trägt seine Komödien und sein Drama nicht so sehr auf die Straße. Man wartet, bis sie in die Zeitung kommen.

Und hier der Platz, der bestellt ist mit kleinen Kaffeehaustischen, wo ich oft morgens einen Espresso getrunken und die Zeitungen gelesen habe. Und dann doch auch Goldonis gedacht, der vielen Schauspieler, die ich gekannt habe, und der vielen Inszenierungen dieser Stücke und daß ich gerne einmal gesehen hätte, wie er damals gespielt wurde, als er lebte, entweder in den Theatern Venedigs, die auch kleine Menagerien waren. Die Schauspieler waren in Käfigen drinnen, wie in einem Raubtierkäfig. Die Zuschauer kümmerten sich wenig darum, was gespielt wurde, aber es wurde wahrscheinlich schön gespielt, denke ich mir. Die Schauspieler fanden sich zusammen und probten ein Stück, in dem sie sich selbst die Worte gaben, und Goldoni hat es dann zur Kunst der Komödie gemacht, die ja nicht nur in Venedig oder in Italien überhaupt, sondern in kunstliebenden Theatern in Europa aufgeführt wurde. In Paris wurde Goldoni viel gespielt und viel gefeiert.

Goethe kam oft über den Kanal, diese Kirche Il Redentore zu bewundern. Er betete sie an. Von draußen.

Ich spielte mit der Kirche, mit ihrem Bild, in dem Palladio-Werk meines Onkels. Die Erinnerung bewegt mich mehr als das Wunder, hier zu stehen, die Kirche wirklich und an diesem Wasser zu sehen. Ich bin neugierig, ich reise gerne. Aber alles war schon im inneren Bild. In mir. Lang bevor ich verreiste, lange bevor ich hier herkam und hier stand.

Meine Freunde die Katzen. Hinter der Anlegestelle der Piazetta, vor den geschlossenen Gittern des Parks, warten sie auf den guten Wirt. Und er kommt, der gute Wirt. Aus allen Himmelsrichtungen. Kommt mit der Plastiktüte der Marktwirtschaft, kniet zu den schmeichelnden stolzen Wesen, breitet Nahrung und Leckerbissen für sie auf der Zeitung des Tages aus, schon veraltet die Nachricht, vergangen die Hoffnung, aufgerufen der Mensch zu neuer Jagd auf den Menschen. Müde runzlige Haut und junge rote Zungen. Die welken, liebesuchenden Hände alter Leute über dem schmeichelnden, gebuckelten, zitternden warmen Fell der Katzen, bunt, schwarz, rot, weiß, grau, gestromt. Baudelaire nannte sie der Weisheit Freunde und die Totenrosse des Hades.

Das Wasser mit einem Spiegel verglichen. Die Stadt liegt zu meinen Füßen. Der Spiegel ist ein Instrument der Dichter und ein Attribut des Narziß. Eine Galeere fährt aus, die Ruder wie Beine eines Riesenfüßlers tragen sie voran.

Die Sklaven sind an die Ruderbänke gefesselt. Der Admiral blickt in die Sonne und denkt, er gleitet zum Ruhm. Othello war glücklich, als er nach Korfu schiffte.

Eine Schulklasse fragte mich: »Warum schreiben Sie?« Ich sagte: »Ich weiß es nicht.« Die Antwort befriedigte weder mich noch die Kinder, die ich ernst nahm und nun enttäuschte. Das Unglück war die Wahrheit. Hätte ich lügen sollen? – Ich schreibe, um meinen Lebensunterhalt zu verdienen – um die Welt zu ändern – um alles besser zu machen – um vor Gefahren zu warnen – von Freundlichkeit zu predigen – Frieden zu fordern – Gerechtigkeit zu fordern – oder einfach, um Geschichten zu erfinden, weil es mir Spaß macht. All diese Antworten waren möglich und waren falsch. Der Schreibende stellt sich als Beobachter des Lebens mit seinen Empfindungen, seinem Entsetzen, dem mannigfaltigen Leiden, dem Mitgefühl, dem Zorn an einen archimedischen Punkt außerhalb der Menschheit. Er ist verführt, die Welt aus den Angeln zu heben, in der Gewißheit, wie aussichtslos dieses Unternehmen doch wäre. Der große amerikanische Schriftsteller Faulkner kam zur Entgegennahme des Nobelpreises schwer betrunken, torkelnd in die feierliche Versammlung. Die Hand des alten schwedischen Königs mußte ihn stützen. Es war richtig. Es war Pflicht. Es war ein schöner Versuch, den Dichter zu ehren, ein Dank, der fällig war. Aber Faulkner wußte auch, daß er nicht zu ehren war. Er hatte die furchtbaren Anstrengungen des Schreibens auf sich genommen, er wußte nicht, warum.

Was macht der neue Roman? Fragen an Gottfried Keller, Fragen an Robert Musil, Ungeduld der Verleger. Wo bleibt der zweite Band? Angst um die Vorschüsse. Ein verlorenes Konto im Haus, rote Zahlen. Der Schriftsteller mußte essen, er brauchte eine Wohnung, er kaufte eine Schreibmaschine. Er fuhr nach Venedig und schickte eine Ansichtskarte. Was man einem Anwalt zubilligt, was zu einem Kaufmann gehört, einem Arzt nötig ist, neidet jeder dem Autor.

Wir kamen von Athen mit dem Schiff. Diesem schönen weißen Schiff mit dem Markus-Löwen am Schornstein. Der Obersteward wollte mich nicht ohne Krawatte in den Speisesaal lassen. Wir waren griechenlandmüde, waren von Sonne satt und der Säulen überdrüssig und des ewigen Blickes der Götter. Wir strandeten hier. Ein müdes Hotel, ein frischer grüner Garten hinter dem Haus. Lorbeer und Orangen und rote Rosen. Marion saß in der Schaukel, die Hollywood heißt, und sie schaukelte sich von Hollywood fort. Sie war sehr schön. Noch mit dem Braun der Ägäis. Ich fotografierte sie. Schaukelnd, wie sie glücklich war. Töricht, die Zeit festzuhalten. Ich hatte keinen Film in der Kamera. Anderntags holte ich einen Film, doch es regnete nun. Wir kauften Schirme. Unter den Schirmen gab es wieder kein Bild. Es war sehr, sehr schön.

Goethe rang in Venedig mit »Iphigenie«. Sie wollte nicht werden. Er dachte schon an »Tasso«. Er reiste nach Ferrara, um Tassos Gefängnis zu sehen. Er traute seinen

Augen nicht. Er fand das Gefängnis zu schäbig. Goethe war standesbewußt. Als Dichter. Als Minister. Auch verdrängte er den Verdacht, daß fürstliche Mäzene grausam sein könnten.

Den ganzen Tag in der Stadt verlaufen. Ich wollte Venedig einfangen, ich wollte es beschreiben. Jetzt bin ich hier im Mittelpunkt. In einem Kreis liegt es um mich herum. Ich stehe wie in einer Manege all dieser Herrlichkeiten. Und ich bin müde. Es fallen einem Bilder ein. Die Bilder all der vielen Maler, die Venedig gemalt haben. Die hier gestanden haben. Die versucht haben, es in Farbe einzufangen. Und die Stadt ist nicht einzufangen. Jetzt verschleiert sie sich.

Der Moment der Abreise aus Venedig war immer etwas traurig und etwas nervös, und außerdem bekam man nie einen guten Zug und fürchtete die Fahrt, und man war wieder älter geworden, man war um den Aufenthalt in Venedig älter geworden.

Abfahrt. Ein Abschied, eine Flucht wie jede Abreise. Ich hinterlasse mich in Venedig. Ich bleibe hier in Venedig. Ich nehme Venedig mit mir ins Exil.

EIN TAG IN VENEDIG

Dieser Entwurf zu einem Fernsehfilm stammt wohl aus den frühen achtziger Jahren. Der auftretende »Tourist« ist nach dem Autor selbst gearbeitet, er stammt aus Greifswald, auch andere biographische Details werden erwähnt. Der Text spiegelt nicht nur ungute Erfahrungen mit Vertretern der Printmedien wider, er ist möglicherweise auch ein später Reflex auf die Verleihung der wichtigsten deutschen Literaten-Auszeichnung, des Georg-Büchner-Preises, den Wolfgang Koeppen 1962 erhielt. Und schließlich ist das Exposé ein Beleg für sein satirisches Talent.

1

Ein Tourist mit Diktiergerät und umgehängter Kamera, allein und überall in Venedig, an hervorragenden Plätzen, Rialto, Albergo Rialto, Palazzo Vendramin, Fondamente Nuove, Toteninsel San Michele, Teatro La Fenice, an die er sich erinnert aus vergangener Zeit. Er versucht, der Erinnerung Herr zu werden, indem er in das kleine Mikrophon (oder in den ganzen Apparat, z. B. Sony) in seiner Hand spricht. (Das Sprechen, das Diktat ist Vortäuschung. Der Text muß später im Synchronatelier auf den Film gesprochen werden. Der Text muß vorher schriftlich festgelegt werden, um das zu erreichen, was Radax die Joycesche Sprachdichte nennt. Dieser Stil ist nicht zu improvisieren. Kein Schriftsteller könnte es oder nur selten, in einer glücklichen Stunde.) Die Kamera geht vom Touristen auf den Ort, schwenkt über den Rialto oder den Palazzo Vendramin.

An einem der Schauplätze wird der Tourist von einem Kind beobachtet, einem italienischen Kind, Mädchen oder Jungen von etwa zehn Jahren. Das Kind betrachtet mit großen Augen staunend den Touristen, der allein für sich in das Mikrophon spricht. Das Kind fragt den Touristen: Was machst du da? Der Tourist antwortet. Das Kind fragt, warum? (Die Situation nimmt an, daß der Tourist nicht Italienisch, das Kind nicht Deutsch kann.)

Der Tourist spricht zu dem Kind, sehr ernst, keineswegs scherzend oder gar kindisch. Er erzählt ihm, was er macht, sich erinnern, ein Versuch, dies festzuhalten. Er sagt aber auch dem Kind, daß alles nicht so wichtig sei, er könne das Tonband auch wegwerfen, und jetzt – er nimmt die Kamera ans Auge, fotografiert das Kind – könne es auch sein, daß gar kein Film in der Kamera wäre. Im Gesicht des Kindes Neugier und Unverständnis.

2

Markusplatz. Der Tourist sitzt vor oder in einem der großen Caféhäuser. Es sind nur wenige Gäste da. Tische und Stühle unbesetzt. Recorder und Kamera liegen neben dem Touristen. Er trinkt einen Espresso oder was Alkoholisches. Es kommt zu ihm eine Dame. Sagt: Ich suche Sie schon den ganzen Morgen, dachte mir, daß Sie schließlich ins Café kommen würden. Ich bitte um ein Gespräch, ich bin vom »Express«. Sie setzt sich an den Tisch, holt einen Stenogrammblock aus ihrer Handtasche. Erwartungsvoll. Der Tourist ist erstaunt, mehr entsetzt als erfreut. Von seiner Seite deutliche Reserve bis zur Unhöflichkeit. Er betont, er reise nach Venedig, das er liebe, um allein zu sein. Die Journalistin erwähnt den Preis. »Sie freuen sich doch sicher über den Preis?« Der Tourist sagt nein. Die Journalistin nun etwas verlegen, ablenkend, auf die Kamera deutend: Sie fotografieren auch, ich habe meine Kamera vergessen, wir hätten gerne ein Bild von Ihnen, darf ich? Sie nimmt die Kamera des Touristen und fotografiert ihn. Danach der Tourist unfreundlich, und jetzt ich Sie! Er steht auf und fotografiert die Journalistin. Dann blickt er die Journalistin grimmig an, öff-

net die Kamera, reißt den Film raus. Sagt, »entschuldigen Sie mich« und geht. Die Journalistin ruft ihm nach, aber Sie kommen doch am Abend, zur Verleihung, wir freuen uns doch alle so!

3

Hotelzimmer. Blick auf den Kanal oder die Lagune. Der Tourist legt einen neuen Film in die Kamera. Wirft die Kamera aufs Bett. Er schaltet das Tonband ein. Teile seines Gesprächs mit dem Kind. Oder nur das Kind: Auf Italienisch, was machst Du da, warum? Der Tourist schaltet das Tongerät aus. Er nimmt die Kamera, geht ans Fenster, fotografiert den Kanal, die Lagune. Er senkt bedauernd die Kamera. »Heure bleu, die blaue Stunde, der Schnaps fließt über den Boulevard, alles unterbelichtet.« Er wirft Kamera aufs Bett, nimmt das Mikrofon, wandert durchs Zimmer. »Ich denke ich denke ich denke ich rede ich rede ich schreibe ich schreibe dieser Descartes vor 400 Jahren alte Illusionen nichts zugelernt ergo sum also bin ich, war er? der Homo sapiens, der Homo ludens, der Homo faber, sieh, wie der Gerechte stirbt, im Gymnasium sprachen sie's zur Totenfeier (ecce quomodo moritur iustus – Jesaja, 57,1), klang sehr feierlich.« Er legt das Tonbandgerät auf einen Tisch, nimmt wieder die Kamera, geht ins Badezimmer, schaltet das Licht über dem Waschbecken ein, zieht sein Hemd aus, blickt in den Spiegel, prüft sein Gesicht, sagt »Homunkulus«, nimmt einen Schminkstift, schwarz oder rot, streicht sein Gesicht kreuz und quer durch und fotografiert sich im Spiegel. Während aus dem

Schlafzimmer das festgelaufene Tonband wie ein Papagei krächzt: cogito, cogito, cogito.

4

Markusplatz gegen Abend. Sehr belebt, eine irgendwie festliche Stimmung. Der Tourist in der Menge. Er hat sich fein gemacht. Hat einen dunklen Anzug, ein weißes Hemd, eine Krawatte. Er geht zum Dogenpalast.

Brunnenhof des Dogenpalast. Festlich erregte Leute. Unter ihnen vielleicht die Journalistin. Sie zückt ihre Kamera. Der Tourist, entsetzt: »Schon wieder Sie!« Sie blitzt. (Der Tourist erhält im Dogenpalast einen Preis. Das klingt so großartig, ist es aber nicht. Der Chef einer deutschen Lebensmittelhandelskette verlieh vor Jahren einmal einen Europäischen Literaturpreis in Ascona. Es versammelte sich eine eitle, kenntnislose Gesellschaft. Es könnte hier aber auch ein Literaturpreis für eine Arbeit über Venedig verliehen werden.)

Brunnenhof oder Scala d'oro oder ein Festsaal im Palast. Der Tourist wird überschwenglich begrüßt. Im Komitee vielleicht Leute in alter Dogentracht. Jedenfalls der Preisverleiher und Festredner mit einer Amts- und Ehrenkette. Der Tourist hört sich die Laudatio mit niedergeschlagenen Augen an. Jemand sagt, es regnet. Ein anderer antwortet entrüstet, aber es regnet doch gar nicht. Der Festredner liest die Verleihungsurkunde vor und überreicht sie dem Touristen. (Diese Szenen stark satirisch.)

5

Fondamente Nuove, vis-à-vis die Toteninsel, später Abend. Der Tourist kommt ernst gekleidet. Aus einem Schatten löst sich ein betrunkener Clochard. Er wankt zu dem Touristen und bettelt ihn an. Die Sprache des Clochards ist nicht zu verstehen, wahrscheinlich ein Gemisch aus Deutsch, Italienisch, Englisch. Der Tourist wiederholt immer, dolmetscht, formuliert, die Rede des Clochards. Der Tourist übersetzt alles, was der Clochard sagt, in die Kamera. Ebenso das, was der Tourist in den Clochard hineindenkt und aus ihm herausholt.

Der Vorgang: der alte, verkommene, seinem Ende nahe Trinker berichtet lallend und unverständlich dem Touristen (der dies für die Kamera wiederholt), daß er ein alter Seemann aus Greifswald sei. Der Tourist stammt auch aus Greifswald und fühlt sich angesprochen. Der Seemann muß zur Toteninsel hinüber. Er schläft dort bei den Mönchen. Aber es geht kein Boot mehr zur Insel. Der Tourist erinnert sich an die Fahrt der Särge über das Wasser zum großen Friedhof. Der Seemann klagt, er habe kein Obdach, kein Geld und nichts zu trinken. Mögliche Führung: Tourist und Trinker gehen in eine Weinschänke. Trinken dort.

Zweite Möglichkeit: Der Tourist winkt eine Gondel herbei und setzt mit dem Trinker über zur Toteninsel. Nebel kommt auf. Monolog-Dialog für beide Möglichkeiten: Der Tourist ist es, der redet. Er spricht auch für den lallenden Trinker. (In der Gondel haben sie Wein bei sich, in der Kneipe sowieso.)

Der Tourist ist betroffen. Er stellt fest, daß er und der Trinker gleichaltrig sind. Greifswald ist klein. Sie hätten sich als Kinder begegnen können. Der Seemann ging mit 14 Jahren zur See. Kam nach San Francisco. Der Tourist wollte auch mit 14 Jahren zur See fahren, nach Frisco hin, brannte durch, schaffte es nicht, kam erst viel, viel später nach San Francisco, wohnte im Hotel Mark, blickte vom Top of the Mark über die Bay, hörte die gefangenen Seehunde bei Fisher's Warf, ging es ihm gut? Der Seemann hatte ein schweres Leben. Im Krieg bei der Marine. »Ich schiß auf Hitler, aber ich war ein guter Soldat.« Der Tourist war es nicht. Er sprach im Rundfunk gegen den Krieg. Er fuhr später auch auf Schiffen. Erster Klasse.

Ankunft auf der Insel oder Trennung auf dem Fondamente Nuove. Der Tourist, du schaffst es nicht mehr, soll ich dich zu den Mönchen (Nonnen) bringen?

Der Seemann stößt ihn zurück: »Du Arschloch!«

6

Rialto-Brücke oder an einem anderen Wasser. Nacht. Der Tourist beugt sich über das Wasser, zieht aus seiner Jacke die schöne Ehrenurkunde des Preises, zerreißt sie, wirft die Fetzen ins Wasser.

DAS UNGESCHRIEBENE VENEDIG-BUCH

Nach dem Abschluß der Produktion des Films »Ich bin gern in Venedig warum« beschäftigte sich Wolfgang Koeppen noch mehrere Jahre immer wieder mit diesem Thema. Eine größere Zahl von Studien und Lektüre-Exzerpten, von Überlegungen, Einfalls-Notaten und Vorformulierungen ist erhalten. Ein zusammenhängendes Manuskript kam nicht zustande.

Der schlecht gelaunte Goethe. Mit Italien fertig. Ausfälle gegen Frauen, Lob der freien Liebe, wollüstiges Genießen der Verführungen der Stadt. Dem feilen Schatz tritt der zahlende und marktkundige Libertin entgegen. Das private erotische Theater. Die Gauklerfamilie. Casanova lebte noch, als Goethe in Venedig war. Sie sind einander nicht begegnet. Casanova führte ein ärmliches Leben auf dem Schloß Dux in Böhmen, Bibliothekar, Sekretär, speiste mit den Dienern, schrieb seine Memoiren, war ein großer Schriftsteller, wurde in Dux auf dem düsteren Friedhof begraben, das Grab ist nicht zu finden. Goethe kehrte mißmutig nach Weimar zurück, erzählte dem Konsistorialrat Herder obszöne Geschichten aus Rom und Venedig, paßte sich an, fügte sich, war der große Mann und Schiller wurde in Goethes Tagebüchern zum Herrn Hofrat Schiller. Mehr ist dazu nicht zu sagen.

Ich habe ein Bild von Friedrich als Greis, möchte es verwenden, dazu ein sehr böses Bild, wulstiges, aufgedunsenes Gesicht, von Katharina von Rußland. Im Prado in Madrid sah ich ein Bild der spanischen Königsfamilie, außerordentlich häßliche, unsympathische Leute. Nächtliche Prozession auf dem Markusplatz. Sehr düsteres, sehr dunkles Bild von Longhi. Napoleon kam erst viel später nach Venedig. Meine Darstellung im Film aber nicht falsch.

Seltsam: kaum eine Erwähnung bei Casanova der Französischen Revolution. Dasselbe bei Goethe. Es ist, als seien sie bestrebt gewesen, das Weltereignis in ihrem Leben als nicht existent zu betrachten.

Zu den Bildern: Fürst Charles de Ligne in voller Gala, im Gegensatz auf derselben Seite zu dem ärmlichen Greisenbild des Casanova, eine Seite mit einer Collage der Kaiser, Könige und Fürsten, die Casanova besucht und gekannt hat. Der Fürst Waldstein, der für Casanova ein gnädiger Altenpfleger war, gutmütig, verspielt, schwach, hielt seine Dienerschaft nicht in Ordnung, die Casanova verspottete. Casanova war für Waldstein ein seltenes Geschöpf, schmückte seinen Tierpark.

Zuweilen floh Casanova aus dem Schloß. Er hatte Empfehlungen an den Herzog von Weimar. Der soll ihn freundlich empfangen haben. Aber bei Goethe, der jeden auswärtigen Besucher pedantisch in seine Chronik aufnahm, findet sich unter dem Namen Casanova nur der Bruder, der Maler in Dresden. Von Casanova heißt es, er sei eifersüchtig auf Herder gewesen. Mag sein; aber ohne Goethe gesehen zu haben. Verschwieg Goethe eine Begegnung mit Casanova? Kaum vorstellbar. Ich will diese Begegnung in Venedig haben, zur Zeit der venezianischen Epigramme.

Hinter ihm waren zehn Jahre Weimar, ein Hofdienst, ein Adelsdiplom, der verblassende Ruhm des Werther, eine geordnete Finanzverwaltung, die Iphigenie in Prosa, die Anfänge des Egmont, ein Dezennium nicht fertiggebracht, die lieben Mädchen, Götz, Lotte Buff, gescheiterte Verlobung, Lili Schönemann.

Warum schreiben Was ist Schriftsteller Was ist Schreibhemmung Leben in einem Roman Neuer Roman? Briefe? An sich (Ezra Pound)

Noch Texte. Don Corleone Pferdedenkmal. Der Platz, auf dem er steht. Das Hospital. Plätze überhaupt. Regatta: das Plakat fotografiert. Die Lampen. Inselspitze. Dampferfahrt abends durch Canal Grande. Totenstadt. Gondelfahrt durch kleine Kanäle. Markuskirche. Reliquienkammer. Die Pferde. Offene Galerie Dogenpalast. Politik Goethe.

Mögliche Schauplätze. Albergo Rialto. Kleiner Albergo gegenüber Rialto. Fenster eines Hauses im Volksviertel hinter der Strada Nuova. Gabrielli-Sandwirth, der Garten dahinter. Danieli innen? Harrys Bar innen? Gasse mit kleinen Restaurants, Speisekarte neben der Tür. Die Strada Nuova mit Kaufhallen und Marktgetriebe. Ein kleiner Platz dort. Riva degli Schiavoni. Fondamente Nuove. Toteninsel San Michele. Markusplatz. Markuskirche. Kaffeehäuser auf dem Platz. Der Dogenpalast. Höfe. Das Gefängnis. Die Seufzerbrücke. Tiefe Brunnen. Straße Merceria. Die Läden. Die Rialtobrücke. Der Fischmarkt.

San Marcuola. Linke Seitenwand des Presbyteriums Tintorettos »Abendmahl«. Fondaco dei Turci. Palazzo Vendramin-Calergi (Richard Wagner). Peschiera. Gerichtsgebäude. Erberia. Fondaco dei Tedesci. Palazzo Dolfo-

Manin (Banca d'Italia). Palazzo Dandolo, Eroberer von Konstantinopel. Palazzo Martinengo, James Fenimore [Cooper] Lederstrumpf. Palazzi Moncenigno Byron 1818 Don Juan, 1592 Giordano Bruno. Ca Foscari, Österreichische Kaserne. Palazzo Giustinian, Richard Wagner 1858 Tristan und Isolde.

Markusbibliothek. Ausstellungsräume. Deckengemälde im Vestibül. »Die Weisheit« von Tizian. Teatro La Fenice. Verdi Uraufführungen. Academia di Belle Arti. Tintoretto. Galleria Peggy Guggenheim. San Trovaso. San Giorgio Maggiore. Tintoretto »Das letzte Abendmahl« und »Mannaregen«. Zu Schiff den Kanal von Piazzale Roma bis Arsenale. Lido: am leeren Strand mit Wind, Regen, Kälte. Das Hotel Excelsior Palace – Tod in Venedig. Wo ist das Geburtshaus des Casanova? Frari-Kirche. Grab Tizian. Claudio Monteverdi. Daneben Scuola grande di San Rocco. Tintoretto. »Bruderschaft der Großkaufleute«.

23. Oktober 83

Am 4. Januar 1787 wurde Goethe zum Mitglied einer poetischen Akademie gewählt. Wahrscheinlich der von Siena. Er bekam dort den Namen Megalio Melpomenio. Casanova war zu dieser Zeit Mitglied dieser Akademie, verkehrte zumindest nach eigenen Angaben im Kreis der Akademiker. Er erwähnt Goethe nicht. Erwähnt Goethe die Akademie in den Tagebüchern? Nachsehen. Ja! Wahrscheinlich hat Goethe an keiner Sitzung dieser Akademie teilgenommen.

Die Nonnen C. C. und M. M. und der Herr Bernis. Wenn möglich Besichtigung des Klosters. Lage des Klosters zur Kirche Il Redentore und zur Toteninsel. Die bewegte Lagune auf der Nachtfahrt zur Stadt. Goethe fühlte sich in der Gondel als Admiral des adriatischen Meeres. Merkwürdige Vorausahnung. Kaiser Wilhelm II. und der russische Zar redeten sich bei ihrer letzten Begegnung in Reval als Admiral des atlantischen Ozeans und des pazifischen Ozeans an. Hier war es Größenwahn, was war es bei Goethe?

Zerstörung Europas (Zerstörung der Welt) durch das Atom. Zwei Überlebende. Sie wissen nicht von einander. Experimentieren beide mit Radiosendern, deren Batterien intakt geblieben sind. Erkunden ihren Standort. Verabreden eine Begegnung. Machen sich zu ihr schwer bewaffnet auf. Mißtrauen dem zweiten. Sind entschlossen, zu schießen.

Venedig tote Stadt. Aber die Wassertiere haben überlebt. In den leeren Palästen Feste der Frösche, der Ratten, der Biber. Im Palazzo Vendramin Goethe, Casanova, Wagner. Kartenspiel mit dem Biberpräsidenten und einem Russen. Der Russe schlägt vor: russisches Roulette. Der Biberpräsident ist Amerikaner.

Napoleon hat in seinem Bett auf dem Markusplatz, wie schon beschrieben, mit der Tochter der Kaiserin Maria Theresia einen Prinzen von Geblüt gezeugt. Nachher: Er spannt ein Segel auf, segelt auf seinem Bett auf dem überschwemmten Platz, weiß nicht, wohin. Josefine. Bild dazu: Die düstere Prozession von Longhi.

Ich auf den Planken des Gehsteiges über dem Wasser. Das Kameraohr wartet auf meinen Text. Das Kameraauge notiert, wie ich schwanke. Die Caféhauskapelle spielt den Walzer »Donauwellen«.

Zu dem Abendessen der reichen Leute (Frau Henkel) im Hotel Danieli. Betrachtung über das Geld, diese Täuschung, die mörderischen Geldanleger. Casanova verspielt Golddukaten. Goethe mißtraut dem Wechsel seines Verlegers. Macht ein Testament, das alle enterbt. Ottilie verarmt, frierend auf dem Dachboden des Goethehauses, versucht, sich dem Teufel zu verschreiben. Gebraucht Formeln aus dem Faust. Aber der Teufel kommt nicht. Die Zeit hat sich geändert. Sie liebt nur Engländer. Chaos. Vorschlag an den Heiligen Stuhl, Casanova selig zu sprechen.

Venedig

Casanovas nomineller Vater war ein Mann aus Parma, der aus Liebe zu einer Schauspielerin, der Fragoletta, die Schauspielerkarriere einschlug. Als er in Venedig am Theater Samuele spielte, heiratete er die Tochter eines venezianischen Schumachers, Zanetta Farussi, die er nun seinerseits zur Bühne zog. Nach dem Tode ihres Gatten 1733 trat sie einem anderen Ensemble bei und wurde die Geliebte des Chefs. Goldoni erwähnt sie in seinen Memoiren und versichert, daß er »La Pupilla« extra für sie geschrieben habe. Nach Engagements in Rußland und Polen ließ sie sich auf Wunsch des Kurfürsten von Sachsen in Dresden nieder, wo sie bis zu ihrem Tod 1776 lebte.

Casanova, wenig Zuneigung zu seiner Mutter oder Liebe zu seinen Brüdern. Zanetta auf Theaterreisen, Casanova in Obhut seiner Großmutter Marcia. Mit acht Jahren wurde er von ihr zu einer Hexe nach Murano gebracht, um sein Nasenbluten heilen zu lassen. Tiefer Eindruck und Vorliebe zum Okkulten. Dann Pensionat in Padua. Student der Universität. Mit 16 Jahren Doktor beider Rechte. Bedauert, nicht seiner Neigung zur Medizin folgen zu können. Kirchlicher Advokat. Erstaunliche Kenntnisse und Versuche in der Medizin.

In der Bibliothek des Dr. Gozzi erste Lektüre erotischer Werke. Aretino. Unersättliche Neugier. Angeblich ein einziger Fall von Päderastie. Erste Liebesaffäre im Hause Dr. Gozzi mit der Schwester des Abbate, Bettina, une fine muche, vier Jahre älter als er. Sie hielt ihn in einem dauernden Zustand von Erregung, ohne sich ihm hinzugeben.

Zur kirchlichen Laufbahn bestimmt, allgemein für talentierte Männer ohne Vermögen, empfing er 1740 die Tonsur, die ihn zu einem Abbate machte, und elf Monate später die vier niedrigen Weihen. Am 19. März 1741 sollte er eine Lobpredigt in der Kirche San Manuele halten, dinierte jedoch vorher so gut, daß er, als er auf der Kanzel stand, seinen Text verlor und aus Scham ohnmächtig wurde.

Bekanntschaft mit der vierzehnjährigen Lucia, die er

aus Gewissenhaftigkeit nicht zu entehren wagte. Als er sie sieben Monate später wiedersah, hatte sie den Verführungskünsten anscheinend nachgegeben und war mit ihm davongelaufen. 16 Jahre danach traf er Lucia als Prostituierte in Amsterdam. Rührung und Erschütterung.

Ende 1741, im Alter von 16 Jahren, verlor er seine Unschuld, kurz nach der Begegnung mit Lucia. Zwei Schwestern einer vornehmen venezianischen Familie, Nanette und Marton, schenkten ihm ihre erste Gunst. Sie schworen sich ewige Freundschaft, die vier Jahre dauerte. Die Verführung von zwei Frauen zugleich wird noch oft Casanovas Laufbahn bestimmen.

Bernis, François Joachim Pierre [François Joachim de Pierre de Bernis, Conte de Lyon], Kardinal, französischer Gesandter in Venedig. Dazu die Geschichten mit den beiden Nonnen C. C. und M. M. Dieses Abenteuer führt zu Casanovas Verhaftung und Einkerkerung in die Bleikammern. Bernis ging nach Paris und lebte als vergnügter Lüstling angenehm weiter. C. C. heiratete standesgemäß, doch gibt es glaubhafte Nachrichten, daß sie noch als Nonne an einer dilettantischen Abtreibung starb. M. M. wurde eine große Kurtisane. Ich brauche ein Bild von dem Nonnenkloster, dem Lusthaus des Herrn Bernis, der sturmbewegten Lagune davor. Casanova wäre beinahe ertrunken. Ich sah diese Wogen vor der Toteninsel.

Casanova war 39 Jahre alt bei Friedrich II. Wie alt war damals Friedrich?

Das Bild der nackten Louison O'Murphy [Marie-Louise O'Murphy, genannt Louison]. Angeblich von Boucher. Schöne Geschichte, wenn auch unverbürgt. Casanova schickt dem König, Ludwig XV. das Gemälde der nackten O'Murphy zu. (Unwahrscheinlich, daß Boucher sein Bild dazu hergegeben hätte.) Tatsache, der König empfing das Bild und verliebte sich in die junge Hure. Er war vier Jahre lang ihr Geliebter, stattete sie mit allem aus, Schloß, Pferde, Wagen, Dienerschaft, Schmuck, Geld, was einer Favoritin des Königs zukam. Dann ärgerte ihn das Mädchen aus Dummheit. Sie fragte, wie er es mit seiner Frau treibe. Der König verstieß sie. Jahre später sah Casanova sie wieder. Sie zeigte ihm einen Jüngling und sagte, er sei sein Sohn. Casanova hielt ihn für einen Sohn Ludwigs XV. Beide Versionen sind unwahrscheinlich. Die Könige waren selbst stolz auf ihren unehelichen Nachwuchs und erzogen und förderten ihn dementsprechend. Wahrscheinlicher, Casanova versuchte, eine Verwandtschaft zum Haus der königlichen Lilie aufzubauen.

GESTERN IN VENEDIG

Die letzte Version seines »Venedig«-Projekts schrieb Wolfgang Koeppen 1987. Auf Einladung der Zürcher Wochenzeitung »Die Weltwoche« flog er nach Venedig, begleitet von einer Fotografin und einer Journalistin, die zu seinen Impressionen einen Paralleltext schrieb, auf dessen Wiedergabe hier verzichtet wird. Wiederum fügte er neue Texte und veränderte Übernahmen früherer Fassungen zusammen. Die Arbeit wurde in der nur kurzfristig erschienenen Zweimonatsschrift »Leader. Die neue Zeitschrift für Politik, Wissenschaft, Wirtschaft und Kultur«, einer Beilage zur »Weltwoche«, veröffentlicht.

Wir waren drei. Wir wollten uns in Venedig umsehen. Im Flug sagte ich, das ist sehr komisch. Die Mädchen sagten, wir finden auch dich sehr komisch. Entschlossen, in Venedig über uns zu lachen, landeten wir auf dem Flughafen Marco Polo. Das ist ein hoffnungsvoller Name für Reisende, aber der Landeplatz ist tückisch. Das zeigt sich, wenn man abfliegt, zurück in die Heimat, während man an Marco Polo in China denkt.

Hinter der Welt und vor Venedig liegt die Lagune. Im Motorboot erschien mir Goethe. Er fühlte sich in der Gondel als Admiral des Adriatischen Meeres. Ich hatte meine Bedenken.

Reise in die Vergangenheit. Auf den Wegen von Marcel Proust, und es endet traurig. Ich holte Sybille vom Bahnhof ab. Sie war mit dem Zug aus Zürich gekommen, stand im Lichtnebel ihres Entzückens vor der einzigartigen Stadt. Vor dem Bahnhof der grosse Kanal, diese Herzader der Stadt, ein Bild aus Tausendundeiner Nacht, Konstantinopel und Venedig lagen sich ja so nahe. Die Wasserluft, das Himmelslicht, der Geisterozon, die uralten Geschichten in den Archiven der Stadt, die Kirchen, man kennt sie von Bildern, die Treppen, die Brücken und überall das Volk. Auf der Strömung des Canal Grande die immerwährende Regatta nach dem imaginären Ziel, dem Gewinn der Stunde, dem Plakat aus dem Reisebüro, dem Zauberwasser, dem grossen Atem, der Potenz, der Lebensfreude der Siedlung. So flohen sie immer über die Brücken in den Schatten, flohen in die Kirchen vor dem Tag, vor der Nacht, vor den Geschäften, vor ihren Lüsten, vor der Liebe, die quälte, der Untreue, die nicht beseelte, vor dem Tod, dem Felsen Petrus.

Die Mädchen lenkten das Boot zum Albergo Rialto. Ich protestierte, das »Rialto« gibt es nicht mehr, das war einmal, versunken, ein MacDonald's geworden, Zwiebelfleisch auf Schrippen. Die Mädchen sagten, du fürchtest deine Enttäuschungen, du musst ins »Rialto«, du wirst aus dem Fenster des »Rialto« auf den Rialto blicken, das ist die Geschichte, wir haben Zimmer bestellt, wir tun alles für dich. Es gab das »Rialto«, noch oder wieder, die Sybillen hatten recht. Es war ein Luxushotel geworden, ganz schön möbliert für Geldleute. Der Wirt sah uns herablassend an. Er sprach nicht deutsch und nicht italienisch, vermute ich. Er liebte es, englisch zu reden.

Ich blickte aus dem Albergo Rialto auf die Rialtobrücke. Ich blickte Jahrzehnte zurück, dic Brücke ist älter. Ich begegnete Shylock. Ich war in dem Zimmer von einst. Es hatte ein Bett dort gestanden, schmal und hart. Es war das Zimmer unter Sybilles Zimmer. Auch dort war ein Bett gestanden, schmal und hart. Ich lag schlaflos, hörte das Treiben auf dem Kanal und Sybilles Schritt über mir. Es war schön, und wir waren arm. Der Wirt damals war freundlich und sprach italienisch. Das Bett war nun eine das Zimmer füllende Liegewiese, man nennt das französisch.

Die Camera obscura sind zwei, das Kameraauge und das Kameraohr. Das Ohr war gestört und hörte anders. Das Kameraauge sah den Kanal, sah die Lagune, Schiffe,

ein schmales Ufer, eine Häuserfront; mit einer Teleprothese hätte das Kameraauge in die Wohnungen schauen können. Das wäre mein Blick gewesen. Die Sonne brach durch die Wolken, selbst der Nachmittag war nicht warm. Vorfrühling, Regenmantelwetter. Das Kameraohr kniete auf einer Bootslände über dem Wasser. Es hörte in die Fama. Es saugte Geräusche, den Wellenstoß, den Ruderschlag, die penetrante Verletzung des Seespiegels durch Schiffsschrauben, den Hungerruf der Vögel, Schritte des bösen Menschen am Ufer, fleißiges Hämmern, ein Wrack zu richten. Das Kameraohr hatte mir einen Sender ins Hemd gesteckt. Ich ging auf Funkstille. Kameraauge und Kameraohr warteten auf mein Versagen. Weisungen: Gehe die Brücke hoch, komm runter auf mich zu, halte dich links am Geländer, du schwankst, stell dich auf das Kreidekreuz, das wir gezogen haben, blick über den Kanal. Das Panorama war mir vertraut. Ich sah die Kirche Il Redentore. Sie hätten nun rufen können, spring ins Wasser. Ich kann nicht schwimmen. Das wußten sie. Es entging ihnen mein Tod. Das Kameraauge war unzufrieden mit mir. Das Kameraohr vermißte den Hilferuf. Sie forderten die Wiederholung. Sie mahnten, paß auf, daß das Kind nicht ins Bild läuft. Der Auslöser war bereit. Das Kind war Italien, es war Venedig. Ich träumte, nimm mich mit. Ich saß aber gefangen im Auge der Kamera zwischen fünf Linsen. Das Auge der Kamera sah mich groß und klein, es zerschnitt mich, schluckte nur ein Stück von mir, den Mund, die Augen, die Stirn, die Front meines Kopfes. Es erinnerte mich an den Jahrmarkt der Kindheit, ausgeliefert den Zerrspiegeln der Optik, die Beine verkürzt, der Leib gebrochen, ein Ballon der Kopf, rund, kugelrund.

Goethe, 1786, angekommen in der wunderbaren Inselstadt Venedig, eilte schon am zweiten Tag, die Kirche Il Redentore zu sehen, ein Werk des großen Baumeisters Palladio, verehrt schon in Frankfurt nach der Betrachtung von alten Architekturbildern. Goethe, es fiel mir vor dem Auge der Kamera ein, hat geschrieben, es brauche Jahre der Andacht, um die Schönheit der Kirche Il Redentore ganz zu empfinden. Das Kameraohr erwartete, ich würde über Goethe sprechen. Doch Il Redentore ließ mich kalt. Ich sah, wo ich belauert stand, Goethe in einer Gondel über den Wellen schaukelnd, wie er den Gondoliere eifrig drängend trieb, über den Kanal zu kommen, die einer Schale gleichenden Stufen der Kirche zu erreichen. Goethes Schatten ging ein in die Dämmerung des Tages. Das Kameraauge sagte, zu wenig Licht. Das Kameraohr registrierte den Angstschrei eines Vogels.

Ich war mit Goethe gegangen, wir hatten uns über die Wanne gebeugt, getroffen vom überschwappenden Wasser, ein Fisch schlug Wellen, zwei starke Hände packten ihn, warfen ihn auf einen Klotz, schlugen ihm ein Holz auf den Kopf, stachen ihm ein Messer in den zuckenden, sich wehrenden Leib, Wegelagerer, Wassermörder. »Der Fischmarkt und die unendlichen Seeprodukte machen mir viel Vergnügen; ich gehe oft darüber und beleuchte die unglücklichen, aufgehaschten Meeresbewohner.« Goethe nicht ohne Mitgefühl. Das Bild ist gleichgeblieben. Eine flinke Hand, ein scharfes Messer schneidet den Aal, der noch leben will, in portionsgerechte Stücke. Ein kleiner

Taschenkrebs fiel aus einer Waagschale zur Erde. Ich wollte den Flüchtling retten, ihn zum Wasser tragen, zum Kanal bringen. Ich fing den kleinen Krebs nicht. Er entwischte mir, verkannte die Situation und die Gefahren, geriet unter die Füße der geschäftigen Masse Mensch, wurde zertreten. Vorwurfsvolle Augen der unglücklichen, aufgehaschten Meeresbewohner.

Sybille und ich kauften Wein auf dem Fischmarkt, 1935. Literflaschen, rot und billig, schleppten den Lambrusco, den ich nicht mag, über die Rialtobrücke ins Rialtohotel, zankten uns und waren gegeneinander traurig. Geisterstimme: »Welch ein Wahnsinn ergriff dich Müßigen? Hältst du nicht inne? Wird dies Mädchen ein Buch?« Siebenundvierzigstes Venezianisches Epigramm.

Ich kletterte eine Leiter hoch über dem trüben Wasser. Ich turnte in ein Fischrestaurant der höchsten Luxusklasse, den Gourmets zur Freude, eine kleine Kammer, mit kostbaren Antiquitäten vollgestellt, dem frischen Fisch die Würde alter Kultur zu geben. Weiß gedeckte Tische, der Kellner sprach wieder nur englisch, das Kameraauge setzte sich mir gegenüber. Das Kameraohr wartete auf mein Entzücken, wie mir der Meeresbewohner schmekken würde.

In einem geschlossenen Hof zwischen hohen Häusern, dicht bei Geschäftsstraßen und Restaurants, hinter dem Denkmal des großen Goldoni ein Theater. Es wird ein Salonstück aufgeführt. Wir waren die einzigen Zuschauer. Eine bewundernswerte Dramaturgie! Welch eine Inszenierung aus dem Raum. Die Schauspieler, drei Katzen, hatten sich in effektvoll berechneten Abständen hingesetzt.

Das Kameraauge nahm es auf. Die Katzen genossen es. Das Kameraohr fragte mich, die schwarze Katze hat etwas gesagt, ich habe es auf Band aufgenommen, kannst du es mir übersetzen? In diesem Viertel ist Casanova umhergegangen. Er war armer Herkunft, ein Stipendiat, ein Abbé, war der Chevalier de Seingalt, ein ständiger Erfinder seiner Biographie.

Die Blaue Stunde des Sonnenuntergangs, Wollust der toten Dichter, das Café de Paris, die erotischen Träume zum Wasser, der Strega im Glas ein Gift oder ein Aphrodisiakum. Venedig ein aufgeschlagenes Bett. Es ist eine alte Fotografie, die Platte wurde lange belichtet, allzu viele Epochen bewunderten das Bild, staunende Augen fraßen es auf, die Zeit tauchte es in die Asphodelenblüte des Hades, der Doge vermählt sich mit dem Meer, Venedig vermählt sich den Schatten, wird ganz ein Geist aus den Tümpeln. Die schönen alten Paläste wie in vertrauten Träumen. Selten ein Licht in den nun düsteren Fassaden. Ich möchte hinter den toten Fenstern wohnen. Der Blitz des Kameraauges verliert mich. Manchmal eine Laterne über einer Bootslände für einen Besuch, der nicht kommt. Im Labyrinth der kleinen Nebenkanäle stehen Kellner im Halbschlaf zwischen den unbesetzten Stühlen und Tischen vor verschwendet erleuchteten Tavernen. Die unvergessenen Feinschmecker Venedigs, der englische Konsul Smith, der französische Gesandte de Bernis, später Kurierkardinal in Rom, Wollüstling aller Fakultäten, reich, reich, Casanovas Rivale um die Gunst der schönen Nonne aus Murano. In Schaukästen ruhen in der Verwesung des Neonlichtes die Fische, nach denen heute keiner mehr verlangt, unnütz aus dem Meer gehoben, Stilleben in einer Morgue. Gottfried Benns kleine Aster ein Tafelschmuck.

Über den verlassenen, bedrohlichen Markusplatz werden Hunde gehetzt, gegeneinander gejagt von Rufenden, die sich in den verlassenen Galeriegängen verbergen. Der schwache Hund ist die natürliche Beute des Stärkeren. Mit weitausholenden Pfoten, fliegenden Ohren, zitterndem Leib durchmißt er in Panik die tötende Strecke. Die Herren der Hunde hocken cool in den Arkaden auf den zur Nacht aneinandergeketteten Stühlen der Kaffeehäuser. Ach, die Wiener Teemusik der Sonnentage! Es sind Pasolinis schöne Jünglinge, die den König der Nacht mimen. Ihr Charme ist brutal, greift ins Fleisch, wie der Meister es gefilmt hat, bevor die Kinder seiner Phantasie ihn ermordeten. Goethes feiler Schatz ein verdrängtes Wesen. Späte Freudenmädchen ohne Freude. Kleinbürgerliche Signoras, als Letzte auf Ansehen bedacht, Reputation mit langem Rock und Hüten auf dem Kopf, die an die komischen, furchterregenden Schiffchen der Soldaten erinnern. Ein böses Omen? Die Konkurrenz der »jeunes filles en fleurs«. Ausverkauf in Jeans und T-Shirts.

Ich stand wieder vor dem Palast, dem prächtigsten der Renaissance. Er ist jetzt im Winter das Spielcasino der Stadt Venedig. Casanova hätte sein Glück versucht. Gewinn und Verlust. Non nobis domine. Sybille war zum Abschied in die Wasserstadt gekommen und verschwand im Palazzo Vendramin, erschien wieder auf einer Bühne in London, zeigte sich in Hollywood, das schönste Mädchen von Berlin, heiratete im schwarzen Harlem, lebt im Rokkefeller Center in New York und schrieb, Amaryllis ist tot.

Das Kameraauge und Kameraohr schlugen mich fest am Rialto. Das Albergo Rialto blieb die traurige Kulisse. Am jenseitigen Ufer speisen wir in einer engen Gasse bei »Madonna«. Wir essen wie arme Italiener. Beleuchtung wie unter Wasser. Glück der Biber. Das Boot kam gen Marco Polo.

Ich hinterlasse mich. Ich bleibe hier. Es ist alles unerledigt.

ALFRED ESTERMANN
»ICH BRACHTE ES BIS ZUM GLÜCK IN VENEDIG«

Nachwort

So stand es denn im Buche des Schicksals auf seinem Blatte geschrieben, daß er 1979 den vierten November Venedig nicht zum erstenmal erblicken und bald darauf diese wunderbare Inselstadt betreten und besuchen sollte. So war denn auch, Gott sei Dank, Venedig ihm kein bloßes Wort mehr, kein hohler Name, der ihn so oft, ihn, den Todfeind von Wortschällen, geängstigt hatte.

Der Reisende hat sich, während dieses Besuchs, selbst konterfeit: »Wolfgang Koeppen, geboren in Greifswald, im Bild des romantischen Malers mit den spielenden Pferden vor der Stadt, aufgewachsen in Masuren im Schatten des eisernen Hindenburg, vorübergegangen an Universitäten, die auf den Führer warteten, Dramaturg, Journalist, Redakteur in der Zeit der Arbeitslosen, Schriftsteller in Europa, Reisender in Rußland und Amerika, eine zu observierende Person.«

Als er vor dem Weltkrieg in Berlin lebte, sehnte er sich nach Paris, später, als er in München wohnte, nach Berlin. Sein ganzes Leben lang aber gab es eine heimliche Beziehung: zu Venedig. Er betrachtete, bestaunte und genoß die überwältigende Geschichte und die betörende Gegenwart dieser Stadt.

Spuren einer Liebe aus mehr als einem halben Jahrhundert lassen sich finden. Der Nachlaß im Greifswalder Archiv enthält viele Zeugnisse dieser heimlichen Verbindung. Ob die Ansichtskarten, die Koeppen aus Venedig mitbrachte, ihm als Arbeitsgrundlagen dienten, ist noch nicht ausgemacht. Er war ohnehin in der Lagunenstadt mit der Kamera unterwegs (»Regatta: das Plakat fotografiert«), der still beobachtende Flaneur, als den man ihn kennt. Die Fotos zeigen einen Wochenmarkt, alltägliche und besondere Gebäude oder auch eine nackte Schönheit, die auf einem Werbeplakat an einer Litfaßsäule posiert – einige Bilder aus seinem Nachlaß werden in diesem Band veröffentlicht. Auf keinem ist Koeppen selbst zu sehen. Es gibt von ihm in Venedig offenbar nur diejenigen Aufnahmen, die 1987 dem Text »Gestern in Venedig« als Bildstrecke beigegeben wurden.

Eine spezielle Abteilung seiner Bibliothek ist Venedig gewidmet, zwanzig Bücher, Romane, Krimis und Reiseführer, darunter der Grieben-Führer »Venedig und Umgebung« von 1930, der wohl in Verbindung mit seiner ersten Venedigreise 1934 zu bringen ist. Und, natürlich, Thomas Manns berühmte Venedig-Novelle, in einer Ausgabe von 1954, die der »geborene Leser« Koeppen mit Eintragungen versah. Fragen von Studierenden nach möglichen Parallelitäten zwischen dem »Tod in Venedig« und dem »Tod in Rom« wich er allerdings lieber aus.

Dieses Buch enthält, mit einer Reihe von Erstdrucken, fünf wesentliche Ausschnitte aus Koeppens Beschäftigung mit Venedig: das Schlußkapitel seines frühen Romans »Eine unglückliche Liebe«, die Teilrekonstruktion seines umfangreichen, mehrfach aufgenommenen Venedig-Projekts, Materialien zu einem gescheiterten Venedig-Buch, den Entwurf eines Fernsehspiels und eine abschließende Gelegenheitsarbeit.

A la recherche de la Venice perdue: Als Wolfgang Koeppen im November 1979 nach Venedig fuhr, um Eindrücke und Formulierungen für Texte zu einem Fernsehfilm zu sammeln, erwuchs ihm alsbald aus ersten handschriftlichen Notizen ein größeres Konvolut, das er immer wieder überarbeitete und veränderte, das in mehreren folgenden Fassungen aufging. Der erste Realisationsversuch des Projekts sollte »Venedig mit Goethe« heißen, bald lautete der Titel »Venedig mit Herrn von Goethe, dem Chevalier de Seingalt, Gustav von Aschenbach Dr. h. c. und einer Camera obscura«. Diese Fassung erwähnte er erstmals in einem Brief an Siegfried Unseld vom 5. Februar 1980: »Meine Reise nach Venedig führte nicht in den Tod, doch in eine Vergewaltigung. Sie war ärgerlich. Einerseits nötig, andererseits genötigt. Eine Geschichte für sich, lustig zu schreiben, ich meine, vielleicht, zu lesen, hoffentlich: ›Venedig mit Goethe, dem Chevalier de Seingalt, Herrn Dr. h. c. von Aschenbach und einer Camera obscura.‹ Leider waren zuhause in München die Folgen fürchterlich« – bei seiner Frau Marion, die er als maßlos eifersüchtig schilderte. Die geplante Erweiterung auf ein literarisches Personentrio läßt ahnen, was ihm vorschwebte. Mehr wissen wir nicht, der Plan blieb liegen.

Statt dessen entstanden zwei neue Versionen, für die alle bisherigen Texte umgcarbeitet, neu geordnet, ergänzt oder gekürzt wurden. Die Prosastücke »Venezianische Fragmente«, deren Titel natürlich an Goethes »Venezianische Epigramme« denken läßt, was sicher Absicht ist, bieten die am intensivsten durchformulierte Fassung, sie stellen möglicherweise das (weit gediehene, aber doch unvollständige) Manuskript einer Veröffentlichung dar, ein Kapitel darin (»Im Dogenpalast ich nicht als Doge ...«) enthält einen der für Koeppens Stil typischen, genüßlich lang sich hinziehenden Sätze.

Zugleich schrieb er die Filmtexte »Ich bin gern in Venedig, aber warum?«, woraus der schöne Titel »Ich bin gern in Venedig warum« wurde, die Frage des letzten Wortes ist nicht nur eine Frage ohne Fragezeichen, sie wird auch kein einziges Mal beantwortet, dies mag dem Leser überlassen bleiben, was ein Glück sein kann – wem es nicht zuteil wird, darf immer noch vermuten, der gesamte Text sei die Antwort. Seine Impressionen zu dem gleichnamigen Film, den der Regisseur Ferry Radax von November 1979 bis März 1980 in Venedig drehte, sprach Koeppen selbst. Siegfried Unseld hat den Film wohl bei der Erstsendung am 24. Oktober 1980 gesehen. 1993, als man darüber nachdachte, den Text in Buchform zu veröffentlichen, um wenigstens auf diese Weise einen neuen Koeppen-Titel zu lancieren, erwähnte er ihn in einem Brief vom 24. Mai 1993, als Koeppen ihm eine Abschrift des Skripts geschickt hatte: »Das Venedig-Manuskript ist gut. Ich habe den Text mit Andacht und Vergnügen gelesen. Er trifft mich mehr als der Film. Ich meine heute sogar, daß die Filmbilder stören, im Wort finde ich mich.« Auf Koeppens wie immer so auch hier vorhandene Um- und Bearbeitungswünsche mochte er nicht eingehen: »Ich meine, man läßt Venedig so: ein manchmal melancholisches Erlebnis.« Ein schmaler Band mit den Texten erschien 1994 im Suhrkamp Verlag.

Nach dem Abschluß der Filmproduktion entstanden wiederum neue Pläne für die literarische Weiterverwertung der Aufzeichnungen. Zwei Titelblatt-Entwürfe zu Büchern sind erhalten: »Wolfgang Koeppen. Ich bin gern in Venedig warum. Poetische Skizzen aus einem Film von Ferry Radax«, 1980, und »Wolfgang Koeppen in Venedig. Nach einem Film von Ferry Radax«. Beides wurde nicht realisiert.

Auf einen gescheiterten Buch-Plan deuten auch die vielen Überlegungen und Studien in seinem Nachlaß hin, die er in den folgenden Jahren niederschrieb – eine Materialsammlung ist noch mit »1983« datiert. Er beschäftigte sich darin vor allem mit Goethe und Casanova (»Sie sind einander nicht begegnet ... Ich will diese Begegnung in Venedig haben«), keine Zeile widmete er dagegen Gustav von Aschenbach aus Thomas Manns »Tod in Venedig«, der zwar im ursprünglichen Titel zitiert, in die Ausarbeitungen aber nicht übernommen wurde.

Bedauerlich bleibt, daß ein zusammenhängendes, druckbares Manuskript nicht niedergeschrieben wurde, wohl nicht niedergeschrieben werden konnte.

Von den Fünfzigern bis zum Ende seiner schriftstellerischen Arbeiten, um 1993, trug Koeppen sich mit Gedanken an Autorenfilme und Fernsehspiele. Der Entwurf des satirischen Textes »Ein Tag in Venedig« stammt wahrscheinlich aus den frühen achtziger Jahren, zur Datierung kann helfen, daß der Regisseur Ferry Radax erwähnt wird, mit dem er, wie erwähnt, 1979/80 »Ich bin gern in Venedig warum« gedreht hatte. Ein Motiv daraus – das Fotografieren ohne Film – wird wieder aufgenommen (»Marion in der Hollywood-Schaukel. Ich fotografierte sie. Schaukelnd, wie sie glücklich war. Töricht, die Zeit festzuhalten. Ich hatte keinen Film in der Kamera«), das Diktat, das nur »Vortäuschung« ist, bezieht sich ebenfalls auf diese Produktion, auf eine Stelle in einer früheren Ausarbeitung des Manuskripts: Erhalten ist ein Blatt als Gedächtnisstütze für den Versuch, vor der Kamera »poetisch« zu sprechen, also zu improvisieren – mit einem fertig vorformulierten Text.

Die letzte Version seines »Venedig«-Projekts, eine Gelegenheitsarbeit, schrieb Wolfgang Koeppen 1987. Er griff dabei nochmals auf seine Manuskripte von 1979/80 zurück, fügte wiederum neue Texte und veränderte Übernahmen früherer Fassungen zusammen. Hier wie in allen vorangegangenen Fällen macht sich schmerzlich bemerkbar, daß es keine Schlußredaktion der Niederschriften gab, kein abgeschlossenes, definitives Manuskript.

Bemerkenswerte Trouvaillen und intensive Beobachtungen: Koeppens Blick auf Venedig ist der eines liebenden, kühlen Beobachters, eines beobachtenden, kühlen Liebhabers. Der Greifswalder Bodden ist sehr weit entfernt von der Lagune. Was niedergeschrieben wurde, ist, unschwer erkennbar, ein subjektives Tagebuch, kein halbverbindlicher Reiseführer, eine vereinzelnde Augenblicks-Folge, keine Gesamtdarstellung. Die in den Ruhestand gegangene Regina des Mare nostro bleibt ihm begehrenswert und fremd. Er stellt sich, wie in Versuchsanordnungen, den Risiken und Nebenwirkungen Venedigs, versucht, der Stadt gewachsen zu sein, bemerkt, wie schwer dies ist, und daß es nicht immer gelingt. Manchmal streut er in seine Betrachtungen zu dieser Stadt des überredenden, überzeugenden, überwältigenden Lichts Gegenszenen der Dunkelheit, Kälte und Einsamkeit. Er sieht ihre unendlich reiche Geschichte, ihre noch immer bestürzende Gegenwart, und er bemerkt ihre doppelte Bedrohung, von unten durch das lebensnotwendige Wasser erstickt, von oben durch geldausscheidende Touristen zertrampelt zu werden. Das naheliegende Wortspiel Venedig – Vineta gebraucht er jedoch nur ein einziges Mal. Kein Zweifel: Er lebt in großen Sympathien für die »wunderbare Inselstadt«, seine Traumstadt, der Ort der Träume und der Ort aus Träumen. »Wie gerne hätte ich die geliebte Stadt wiedergesehen«, schrieb er im September 1989.

Dazwischen Seitenthemen, Abschweifungen und Rückblenden, wie sie in seinen Reiseberichten und Essays zu lesen sind. Man findet Einfälle zu Erzählungen wie die von der »Zerstörung Europas (Zerstörung der Welt) durch das Atom«, von den beiden Überlebenden, die »nicht voneinander« wissen, oder diese Idee zu einer makabren Komödie aus dem Herbst der Weimarer Klassik: »Goethe mißtraut dem Wechsel seines Verlegers. Macht ein Testament, das alle enterbt. Ottilie verarmt, frierend auf dem Dachboden des Goethehauses, versucht, sich dem Teufel zu verschreiben. Gebraucht Formeln aus dem Faust. Aber der Teufel kommt nicht.«

Aus Erlebnissen kleiner Grausamkeiten auf dem Fischmarkt von Venedig geht die Erinnerung, im Mitleid mit der Kreatur (»wir fressen unseren Bruder, das Tier«), weit zurück in seine Jugend, als er, wie er erzählte, als Schiffskoch zur See fuhr (»Die Fische waren tot. Ich mußte sie braten. Die Besatzung aß die Fische und sagte mir, ich hätte sie gut gebraten«).

Auch eines seiner Lieblingsthemen taucht mehrfach auf, der Schriftsteller und das Schreiben, das eben, was er seinen »Beruf« nannte. »Warum schreiben Was ist Schriftsteller Was ist Schreibhemmung Leben in einem Roman Neuer Roman? Briefe? An sich (Ezra Pound)« – meditiert er in seinen handschriftlichen Notizen. Er verweigerte sich, wollte höchstens »mit Tonband schreiben«, brachte auch dies nicht zustande. Die Passage über die Entscheidung nach seinem Auftritt bei einem Kritikerempfang des Suhrkamp Verlags lautet im Entwurf: »In den Roman, aus dem ich in Frankfurt gelesen hatte, schrieb ich keine Zeile mehr. Er war mir geraubt. Ich verwarf ihn. Ging ich durch die literarische Welt als Moralist, erzürnter Vater eines geschändeten Kindes? Es ist anders. Ich bin der Architekt, der den Bauplatz flieht. Das Haus ist gezeichnet, der Grundriß auf dem Zeichenbrett. Mit dem Anfang ist alles gesagt. Jedes Wort ist nun zuviel. Geschriebene Seiten, ich vergesse sie. Ich denke mir Neues aus. Ich jage dem nach und verlaufe mich.« Dabei blieb es: »Das geht nun endlos so.« Siegfried Unseld zitierte eine Passage aus der gedruckten Version 1996 in seinem Nachruf auf Koeppen, der schon in seinen venezianischen Papieren festgehalten hatte: »Ja, jetzt schreibe ich wirklich nichts. Noch einmal: nichts.«

Ein anderer Seitenstrang ist die ironische Beschreibung der »Camera obscura«, des Fernseh-Teams, mit dem er in

Venedig arbeiten mußte. »Die Camera obscura sind zwei, das Kameraauge und das Kameraohr«: Ein phantastisches Spiel verwandelt die Beobachtungen eher banaler Handwerklichkeiten in ein doppelt animiertes Lebewesen, es entwickelt sich eine der nicht eben häufigen gelösten, heiteren Passagen in Koeppens Prosa, in denen sich Partikel der Realität mit erfundenen Erinnerungen kreuzen: »Im Spiegelkabinett des Schützenfestes, das Kind ins Zelt gegangen, dem Zerrspiegel ausgeliefert, die Beine krumm und weg, der Leib zum Schatten abgemagert und der Kopf so groß, ein schwellender Ballon, rund, kugelrund, ein abgestochenes Schwein, Schweinskopf gebraten im Rohr, gedunsen die Backen, aufgesprengte Haut, und die Zitrone in die fetttriefende Schnauze gepreßt, eine Zierde der bürgerlichen Tafel meines Vaters.«

Schauplätze der Koeppenschen Reisepretiosen sind die handelsüblichen Kulissen und gelegentliche aparte Entdeckungen: San Marco (»Pax tibi Marce evangelista meus«), groß inszeniert, die Piazza San Marco, der Palazzo Ducale, die Kirchen Dogana di Mare, San Giorgio Maggiore, San Rocco und, diese besonders, Il Redentore, Rialto und Ponte (»Puente«) di Rialto, Lido, Lagune und Canal Grande, der Palazzo Vendramin-Calergi, die Ca'd'Oro, das Teatro La Fenice, die Giudecca und, nicht zuletzt, San Michele, die Toteninsel. Dazu, natürlich, le gatte, die Katzen Venedigs, Berge von Katzen, »sie waren die ältesten Geschlechter der Gemeinde«. Andere Zelebritäten wurden fürs erste nur erwogen: »Danieli innen?«, »Harrys Bar innen?«

An flüchtigen oder ausführlicheren Hinweisen auf

Schriftsteller ist auf diesen Seiten kein Mangel, viele Figuren aus allen Provinzen der Koeppenschen Belesenheit treten auf: Johann Wolfgang Goethe und Giacomo Casanova, der Chevalier de Seingalt, zwei Leitfiguren des unausgeführten Vorhabens, Pietro Aretino, William Shakespeare, Torquato Tasso, Carlo Goldoni, Carlo Gozzi, Johann Joachim Winckelmann, Gustave Flaubert, Gottfried Keller, James Fenimore Cooper, Charles Baudelaire, Hugo von Hofmannsthal, Ezra Pound, Marcel Proust, William Faulkner, Gottfried Benn, Robert Musil.

Daneben einige Maler, vor allem Jacopo Tintoretto, Francesco Lazzaro Guardi, Alessandro Longhi, François Boucher und Paul Klee. Koeppen sagte von sich selbst, er sei kein Mensch, der Musik brauche, er erwähnt nur wenige Komponisten, Claudio Monteverdi, Giuseppe Verdi und Richard Wagner, einen der großen Toten Venedigs, der im Bayreuther Festspielhaus, vom Publikum unbemerkt, den zweiten Akt des »Parsifal« dirigierte, und dann an den Canal Grande fuhr, um zu sterben. Kein Wort über Antonio Vivaldi, das Geigengenie, den Gott, den Unerschöpflichen, geschlagen mit dem unausrottbaren Irrtum über ein Mädchenorchester, ein verzeihliches Verschweigen, in Koeppens Generation war il prete rosso, der rothaarige Priester, noch kein Begriff.

Und sonst? Die restliche Staffage bilden Friedrich II. von Preußen, Napoleon I. nebst Madame Josephine, Andrea Palladio, Vitruvius Pollio, Giordano Bruno, René Descartes und Pier Paolo Pasolini.

Die Manuskripte bezeugen eine vielfache Beschäftigung mit den Papieren, zeigen die dauernde Umformulierung, Neufassung, Präzisierung. Einzelne Abschnitte werden immer wieder neu montiert, ein Kaleidoskop-Effekt entsteht, ein »work in progress«, was man auch mit »Werk im Fortschritt« übersetzen kann, bei dem es aber niemals möglich war, sich auf einen Abschluß zu konzentrieren.

Vergleicht man die Texte, so lassen sich viele kleine, aber bedeutsame Veränderungen feststellen, nicht in jedem Falle kann man darin eine Verbesserung sehen. Von den Katzen vor San Rocco sagte er »ich beobachte sie«, wo in einem früheren Entwurf »ich fotografiere sie« gestanden hatte. In die Geschichte von der Katze, die ihn gebissen hatte, nicht übernommen wurde: »Es war ein Biß Venedigs. Hinterhältig, verwerfend. Es war, als sagte Venedig zu mir: Geh fort.« »Wir sind Erben aller schrecklichen Vergangenheit«, notierte er, in einer Notiz dazu findet sich die einprägsame, auf Marcel Proust zugehende Formulierung: »Wir sind Erben der verlorenen Zeit«. Aus den »Restaurants des Fremdenverkehrs« wurden in einer Umarbeitung die »Restaurants des gestorbenen Sommers«, statt »die an Bord waren, ertranken«, hieß es in einer anderen Fassung »tauchten in den Tod«, »ein müdes Hotel« war im Entwurf noch »ein mildes Hotel«. Gestrichen wurde auch die folgende Passage: »Ich dachte an ein Symposion für Tote. An einen Traum vom ewigen Leben, an eine längst vergangene Orgie in einem Bordell reicher Lüstlinge, selbst an ein Lupanar der reichen Kaufherren von San Rocco, der frommen Mäzene des Tintoretto.«

Gelegentlich stimmen die Mitteilungen nicht. »Hier irrt Koeppen«. Um nur ein Beispiel anzuführen: Er nennt Carlo Goldoni einen »Leibesdoktor«. Der unsterbliche

Verfasser des »Servitore di due padroni«, der »Locandiera«, der »Baruffe chiozzotte« und hunderter anderer böser Bühnenstücke war kein Mediziner, er studierte Jura und Philosophie, promovierte 1731 in Padua zum Dr. jur. und arbeitete danach als Advokat in Venedig. Längst mit seinen Komödien europaweit berühmt, nannte er sich immer noch »Avvocato Veneziano«. Doch dies nur nebenbei. Allem, was Koeppen sonst noch über Goldoni mitteilt, kann man zustimmen.

»Übers Jahr vielleicht wieder in Venedig«, wünschte sich Wolfgang Koeppen in einem Brief vom 24. September 1992 an Siegfried Unseld, als er krankheitshalber verhindert war, dessen Geburtstag in der Lagunenstadt mitzufeiern. Übers Jahr aber war es zu spät. Sein letzter Venedig-Reflex: »Ich gehe in Gedanken mit Dir durch den schönen Park des Insel-Hotels in Venedig«, schrieb er am 26. September 1993 an seinen Verleger, »und bin traurig, nicht mehr dort sein zu können«. Zweieinhalb Jahre später, am 15. März 1996, starb er in München. Er hat die bessere Venedig-Literatur vermehrt, sogar mit einem unveröffentlichten Buch. Und er hat es bis zum Glück in Venedig gebracht.

QUELLEN

Eine unglückliche Liebe in Venedig: Wolfgang Koeppen, *Gesammelte Werke in sechs Bänden*. Herausgegeben von Marcel Reich-Ranicki in Zusammenarbeit mit Dagmar von Briel und Hans-Ulrich Treichel. Frankfurt am Main: Suhrkamp Verlag 1986. Band 1, S. 145-158. Titel vom Herausgeber. Schluß: Typoskript im Nachlaß (Wolfgang Koeppen-Archiv Greifswald).

Annäherung an Venedig: Manuskript und Typoskript im Nachlaß. Titel vom Herausgeber.

Venezianische Fragmente: Typoskript im Nachlaß (handschriftlicher Titel: »Original Venezianische Fragmente«).

Ich bin gern in Venedig warum: Wolfgang Koeppen, *Ich bin gern in Venedig warum*. Frankfurt am Main: Suhrkamp Verlag 1994.

Ein Tag in Venedig: Typoskript im Nachlaß.

Das ungeschriebene Venedig-Buch: Typoskripte im Nachlaß.

Gestern in Venedig: Leader. Die neue Zeitschrift für Politik, Wissenschaft, Wirtschaft und Kultur. Beilage zu *Die Weltwoche*. Zweimonatsschrift. Zürich 1986 – 1987. Juli/August 1987. S. 94-103.

Die Briefzitate im Nachwort, zu denen auch dessen Titel gehört (Wolfgang Koeppen an Siegfried Unseld, 26. April 1994), wurden dem Band »›Ich bitte um ein Wort ...‹. Wolfgang Koeppen – Siegfried Unseld. Der Briefwechsel«, herausgegeben von Alfred Estermann und Wolfgang Schopf, Frankfurt am Main: Suhrkamp Verlag 2006, entnommen.

Literarische Reisebegleiter im insel taschenbuch Eine Auswahl

Italien

Dietmar Grieser. Große historische Straßen. Von der Via Appia bis zur Avus. Eine kunsthistorische Spurensuche. Mit Fotografien. it 1974. 130 Seiten

Wilhelm Heinse. Tagebuch einer Reise nach Italien. Mit einem biographischen Essay von Almut Hüfler. Herausgegeben von Christoph Schwandt. Mit zahlreichen Abbildungen. it 2869. 260 Seiten

Mit Hermann Hesse durch Italien. Ein Reisebegleiter durch Oberitalien. Herausgegeben von Volker Michels. it 1120. 215 Seiten

Harald Keller. Die Kunstlandschaften Italiens. Mit Abbildungen. it 1576. 1110 Seiten

Literarischer Führer durch Italien. Ein Insel-Reise-Lexikon. Von Doris und Arnold E. Maurer. Mit Abbildungen, Karten und Registern. it 1071. 551 Seiten

Thomas Mann in Venedig. Eine Spurensuche. Von Reinhard Pabst. Mit zahlreichen Abbildungen. it 3097. 250 Seiten

Oberitalienische Seen. Ein literarischer Reisebegleiter. Von Rainer W. Kuhnke. it 2608. 287 Seiten

Pompeji und Herculaneum. Ein Reisebegleiter. Herausgegeben von Dieter Richter. it 3099. 200 Seiten

NF 31/1/3.05

Alberto Savinio. Capri. Eine Reiseerzählung. Übersetzt und mit einem Nachwort versehen von Martina Kempter. it 2732. 112 Seiten

Johann Gottfried Seume. Spaziergang nach Syrakus im Jahre 1802. Herausgegeben von Jörg Drews. it 2780. 455 Seiten

Sizilien. Literarisches Landschaftsbild. Herausgegeben von Ralf Nestmeyer. Mit Fotografien. it 2637. 220 Seiten

Südtirol. Ein literarisches Landschaftsbild. Herausgegeben von Dominik Jost. Mit Abbildungen. it 1317. 358 Seiten

Im Rosengarten. Eine literarische Spurensuche in Südtirol. Von Dietmar Grieser. Mit Abbildungen. it 2509. 245 Seiten

Toskana. Ein literarisches Landschaftsbild. Herausgegeben von Andreas Beyer. Mit Fotografien von Loretto Buti. it 926. 265 Seiten

Edith Wharton. Italien. Reisebilder. Mit einem Nachwort von Hanns-Josef Ortheil. Mit farbigen Abbildungen. it 2731. 224 Seiten

Frankreich

Das Elsaß. Ein literarischer Reisebegleiter. Herausgegeben von Emma Guntz und André Weckmann. it 2746. 256 Seiten

Französische Dichter und ihre Häuser. Von Ralf Nestmeyer. Mit farbigen Fotografien. it 3093. 250 Seiten

Mit Fontane durch Frankreich und Flandern. Herausgegeben von Otto Drude. Mit Fotografien von Christel Wollmann-Fiedler. it 2647. 144 Seiten

NF 31/2/3.05

Wolfgang Koeppen. Reisen nach Frankreich. Mit farbigen Fotografien von Angelika Dacqmine. it 2218. 170 Seiten

Literarischer Führer Frankreich. Herausgegeben von Hans Georg Bauner. Mit zahlreichen Abbildungen und Karten. it 2798. 624 Seiten

Provence/Côte d'Azur. Ein literarischer Reisebegleiter. Herausgegeben von Ralf Nestmeyer. it 2801. 250 Seiten

Mit Rilke durch die Provence. Herausgegeben von Irina Frowen. Mit Fotografien von Constantin Beyer. it 2148. 126 Seiten

Griechenland

Griechenland. Ein Reisebegleiter. Herausgegeben von Danae Coulmas. Mit farbigen Fotografien. it 3024. 330 Seiten

Hugo von Hofmannsthal. Augenblicke in Griechenland. Mit farbigen Abbildungen und einem Nachwort von Hansgeorg Schmidt-Bergmann. it 2408. 125 Seiten

Erhart Kästner
- Griechische Inseln. Aufzeichnungen aus dem Jahre 1944. Nachwort von Heinrich Gremmels. it 118. 166 Seiten
- Kreta. Aufzeichnungen aus dem Jahre 1943. Nachwort von Heinrich Gremmels. it 117. 264 Seiten
- Ölberge, Weinberge. Ein Griechenland-Buch. Mit Zeichnungen von Helmut Kaulbach. it 55. 262 Seiten
- Die Stundentrommel vom heiligen Berg Athos. it 56. 325 Seiten

Wolfgang Koeppen. Die Erben von Salamis oder Die ernsten Griechen. Mit Fotografien. it 2401. 80 Seiten

NF 31/3/3.05

Portugal

Reinhold Schneider. Portugal. Mit einem Nachwort von Peter Berglar. Mit farbigen Abbildungen. it 2889. 250 Seiten

Spanien

Dalís Katalonien. Ein Reisebegleiter. Von Herbert Genzmer. Mit farbigen Fotografien. it 3016. 200 Seiten

Der Jakobsweg. Ein Reisebegleiter. Von Andreas Drouve. Mit farbigen Fotografien. it 3094. 280 Seiten

Kanarische Inseln. Ein Reisebegleiter. Herausgegeben von Gregor Gumpert. it 2985. 224 Seiten

Mallorca. Ein literarisches Porträt. Herausgegeben von Sieglinde Oehrlein. Mit Fotografien. it 1931. 197 Seiten

George Sand. Ein Winter auf Mallorca. Übersetzt von Maria Dessauer. it 2102. 220 Seiten

Reisen mit Odysseus. Zu den schönsten Inseln, Küsten und Stätten des Mittelmeers. Von Ernle Bradford. it 2508. 280 Seiten

Deutschland

Hans Christian Andersen. Schattenbilder einer Reise in den Harz, die Sächsische Schweiz etc. etc. im Sommer 1831. Herausgegeben von Ulrich Sonnenberg. Mit zahlreichen zeitgenössischen Abbildungen. it 2818. 232 Seiten

Bodensee. Reisebuch. Herausgegeben von Dominik Jost. Mit farbigen Abbildungen. it 1490. 313 Seiten

NF 31/4/3.05

Der Rhein. Eine Reise mit Geschichten, Gedichten und farbigen Fotografien. Herausgegeben von Helmut J. Schneider unter Mitarbeit von Michael Serrer. Mit Fotografien von Pieter Jos van Limbergen. it 1966. 206 Seiten

Die schönsten Schlösser und Burgen Deutschlands. Ein literarischer Reisebegleiter. Herausgegeben von Joachim Schultz. Mit farbigen Fotografien von Horst und Daniel Zielske. it 2717. 256 Seiten

Schwarzwald und Oberrhein. Der literarische Führer. Herausgegeben von Hans Bender und Fred Oberhauser. Mit zahlreichen Abbildungen. it 1330. 416 Seiten

Sylt. Literarische Reisewege. Herausgegeben von Winfried Hörning. Mit zahlreichen Fotografien. it 2522. 260 Seiten

Martin Walser/André Ficus. Heimatlob. Ein Bodensee-Buch. it 645. 92 Seiten. it 2374. 96 Seiten

England

Hans-Günter Semsek. Englische Dichter und ihre Häuser. Mit farbigen Fotografien von Horst und Daniel Zielske. it 2553. 255 Seiten

Von Pub zu Pub. Eine literarische Kneipentour durch London und Südengland. Von Johann-Günther König. Mit farbigen Fotografien. it 2888. 272 Seiten

Österreich

Dietmar Grieser. Nachsommertraum im Salzkammergut. Eine literarische Spurensuche. Mit Abbildungen. it 1848. 262 Seiten

NF 31/5/3.05

Osteuropa

Böhmen. Ein literarisches Porträt. Herausgegeben von Uta Ackermann und Werner Fritsch. Mit farbigen Abbildungen. it 1994. 265 Seiten

Litauen. Ein literarischer Reisebegleiter. Herausgegeben von Claudia Sinnig. Mit farbigen Fotografien. it 2844. 317 Seiten

Johann Gottfried Seume. Mein Sommer 1805. Eine Reise ins Baltikum, nach Rußland, Finnland und Schweden. Herausgegeben von Jörg Drews. Mit zahlreichen Abbildungen. it 2839. 230 Seiten

Städte

Athen. Literarische Spaziergänge. Herausgegeben von Paul Ludwig Völzing. Mit farbigen Fotografien. it 2505. 336 Seiten

Mit Brecht durch Berlin. Ein literarischer Reiseführer. Von Michael Bienert. Mit zahlreichen Fotografien. it 2169. 271 Seiten

Literarischer Führer Berlin. Von Fred Oberhauser und Nicole Henneberg. Mit zahlreichen Abbildungen, Karten und Registern. it 2177. 517 Seiten

Bremen. Literarische Spaziergänge. Von Johann-Günther König. Mit farbigen Fotografien. it 2621. 272 Seiten

Chicago. Porträt einer Stadt. Herausgegeben von Johann Norbert Schmidt und Hans Peter Rodenberg. Mit farbigen Fotografien. it 3032. 330 Seiten

Mein Frankfurt. Von Martin Mosebach. Ausgewählt und mit einem Nachwort von Rainer Weiss. Mit Fotografien von Barbara Klemm. it 2871. 176 Seiten

NF 31/6/3.05

Granada. Ein literarisches Porträt. Herausgegeben von Nina Koidl. Mit farbigen Fotografien. it 2635. 243 Seiten

Hamburg. Ein Städte-Lesebuch. Herausgegeben von Eckhart Kleßmann. Mit zahlreichen Abbildungen. it 1312. 305 Seiten

Leipzig. Literarische Spaziergänge. Herausgegeben von Werner Marx. Mit farbigen Fotografien. it 2710. 222 Seiten

Lissabon. Ein Städte-Lesebuch. Herausgegeben von Ellen Heinemann. it 2106. 390 Seiten

London. Literarische Spaziergänge. Herausgegeben von Harald Raykowski. it 2554. 272 Seiten

Wolfgang Koeppen. Muß man München nicht lieben? it 2712. 160 Seiten

New York. Literarische Spaziergänge. Von Herbert Genzmer. Mit farbigen Fotografien. it 2883. 160 Seiten

Paris. Literarische Spaziergänge. Von Uwe Schultz. Mit farbigen Fotographien. it 2884. 272 Seiten.

Mit Proust durch Paris. Von Rainer Moritz. Mit zahlreichen Fotografien. it 2992. 160 Seiten.

Potsdam. Literarische Spaziergänge. Von Jochen R. Klicker. Mit farbigen Fotografien. it 2926. 416 Seiten

Rom. Ein literarisches Porträt. Herausgegeben von Michael Worbs. Mit farbigen Fotografien. it 2298. 320 Seiten

St. Petersburg. Literarische Spaziergänge. Von Ingrid Schalthöfer. Mit farbigen Fotografien. it 2833. 240 Seiten

NF 31/7/3.05